Manual de Formulación de Medicamentos

Introducción al Desarrollo de Fórmulas

por Francisco De La Torre Quiñónez.

(Edición Mejorada)

EL PRESENTE LIBRO ESTÁ DIRIGIDO A LOS PROFESIONALES DE LA INDUSTRIA FARMACÉUTICA QUE DESEEN INICIARSE DENTRO DEL DESARROLLO DE FÓRMULAS DE MEDICAMENTOS

CONTENIDO

This page intentionally left blank

AGRADECIMIENTOS

En primer lugar, doy gracias a Dios, y a su hijo: Jesucristo, agradeciéndoles siempre por cada paso que me permiten dar en mi vida.

Doy gracias a mis hijos: Edward De La Torre Paredes y Rubí De La Torre Paredes, por darle cada día una luz de alegría a mi existencia.

A mi madre Raquel Mercedes Quiñónez Jínez por su dedicación y esfuerzo en el día a día.

A Sonia de los Ángeles Quiñónez Jínez (+), mi segunda madre, quien al ser Ingeniera Química me introdujo la curiosidad por la ciencia.

A mi abuelo: Juan Vitaliano Quiñónez Albán (+) quien cada jueves visitaba el hogar llevándonos a todos el fruto de su esfuerzo y trabajo. Agradezco también a su hermana Águeda Quiñonez Albán (la tía Angelita), quien fue la persona que crió a mi madre y a mi tía Sonia.

A Mercedes María Jínez Sánchez (+), mi abuela, quien nos llenó de sus delicias y destrezas gastronómicas y quien además a mis 6 años me salvó la vida.

A mis abuelos Andrés De La Torre Gallegos (+) y María Ramírez (+) quienes siempre estuvieron pendientes de mí pese a no vivir conmigo.

A la Dra. Erika Chávez Antepara ("Erika con K") y a la MSc. Karen Montjoy, quienes han sido las mejores Jefas con quienes he podido trabajar. Mujeres fuertes, inteligentes y de enorme experiencia profesional. A ellas, mi mayor agradecimiento por permitir la innovación y la creatividad en el ambiente laboral.

Al Dr. Walter quien me alentó a "**cruzar el Rubicón**" y gracias a él pude plasmar en libros todo lo que aprendí en mi vida profesional y no solo eso, sino que además tuve el valor de convertirme en escritor de otras disciplinas, tales como: Ficción General, Teología, Escatología Cristiana, Ciencia Ficción, Novelas (a futuro) (géneros literarios todos diversos entre sí). Mismos que reposan en aquellos libros que he escrito con mi pseudónimo:
Juan Vitaliano Quiñónez Albán (en honor a mi abuelo materno).

A la Dra. Soraya, quien me enseñó a elaborar marcos teóricos y además me brindó su apoyo tanto en mi vida estudiantil como en mi vía laboral.

A la comunidad Química Farmacéutica de Guayaquil, del Ecuador en general, e Internacional quienes mostraron interés y apoyo en mi Ebook: **MANUAL DE FORMULACIÓN DE SÓLIDOS ORALES** lanzado en el 2022.

A todos quienes creyeron y aún creen en mí. Y a quienes no lo hicieron también agradezco.

Y de manera muy especial le agradezco a Usted, amable lector, quien ha adquirido esta obra, misma que espero que disfrute.

PARTE I

INTRODUCCIÓN A LAS FORMAS FARMACÉUTICAS SÓLIDAS, LÍQUIDAS, SEMISÓLIDAS Y SEMILÍQUIDAS

1. CONCEPTOS GENERALES DE LAS FORMAS FARMACÉUTICAS SÓLIDAS ORALES ENFOCADOS AL DESARROLLO DE MEDICAMENTOS

Las tabletas son una forma de dosificación sólida que constan de uno o más ingredientes activos agrupados por medio de excipientes adecuados. Normalmente se preparan por compresión u otro proceso de resultado previamente conocido.

Las tabletas son mezclas de ingredientes activos y excipientes, polvos o gránulos precompactados en una misma forma de dosificación sólida para administración mayormente oral.

Dentro de los excipientes encontramos: diluyentes, aglutinantes, granuladores, lubricantes; adicionalmente encontramos agentes disgregantes que ayudan a descomponer la tableta en el tracto gastrointestinal; así como edulcorantes o saborizantes, según sea el caso, y con la finalidad de mejorar las propiedades organolépticas. Una formulación de sólidos puede incluir un revestimiento polimérico ya sea para enmascarar el sabor, proteger el ingrediente activo de la degradación o controlar la tasa de liberación del principio activo.

Las tabletas se formulan buscando una administración en un sitio específico; por lo general, se administran por vía oral, pero también pueden ser sublinguales o vaginales.

Tipos de Tabletas. –

De forma general podemos catalogar a las tabletas como: píldoras, capletas y tabletas orodispersables (conocidas como ODT u Orally Dissolving Tablets).

Píldoras. – Inicialmente presentadas como formas farmacéuticas sólidas, pequeñas y redondas, destinadas a la administración oral. Se ha encontrado evidencia de su uso desde hace más de 2000 años atrás. Las primeras píldoras encontradas en un naufragio italiano cerca de Pozzino, estaban hechas de carbonato de zinc (hidrocincita y smithsonita); y eran utilizadas para el tratamiento de la irritación ocular, datando su uso desde alrededor del 140 a.E.C.

Capleta. - Sólido oval de forma similar a una cápsula. Es considerada como el método de medicación más eficiente, y, es esta la razón por la que los fabricantes de medicamentos tales como los analgésicos OTC (Over the Counter o de venta libre) enfatizan la fortaleza de esta forma farmacéutica.

Tabletas orodispersables (llamadas como ODT u Orally Dissolving Tablets). – Pueden disolverse en la cavidad bucal sin necesidad de ser tragadas; o, en su defecto pueden colocarse en agua (medio en el que se disuelven), para que una vez disueltas puedan ingerirse (no debe confundirse con tabletas efervescentes).

1.1. TABLETAS

Propiedades de las Tabletas

Las tabletas pueden ser manufacturadas de cualquier forma, aunque los requisitos de los pacientes y las máquinas tableteadoras de mayor distribución, dan preferencia a la manufactura de tabletas redondas, ovaladas o capsulares. Se han fabricado tabletas con otras formas, sin embargo, existe cierta renuencia a fabricar nuevos diseños de tabletas.

El diámetro y la forma de la tableta están determinados por la máquina tableteadora. Una tableteadora es un dispositivo mecánico que se utiliza para comprimir polvos, gránulos o polvos granulados en tabletas de peso y tamaño uniformes. Para formar una tableta, el gránulo debe introducirse en una cavidad que consta de dos punzones y una matriz. Los punzones se presionan con tanta fuerza que combinan los polvos (gránulos o polvos granulados) en una forma farmacéutica uniforme y compacta.

En la compresión de una tableta el primer paso de una operación típica implica el descenso del punzón inferior en la matriz creando una cavidad en la cual irá el gránulo. La profundidad exacta del punzón inferior puede ser controlada para medir la cantidad de polvo que llenará la cavidad. El exceso es removido de la parte superior de la matriz. Luego el punzón superior cae firmemente en contacto con los polvos. La fuerza de compresión es provista por rodillos de compresión de alta presión, los cuales fusionan al material granulado en una tableta dura. Después de la compresión el punzón inferior es elevado para liberar la tableta. Siendo un correcto seteo de la máquina tableteadora un punto crítico a fin de garantizar las propiedades de esta forma farmacéutica.

Dentro de las tableteadoras, existen básicamente dos tipos de tableteadoras: las tableteadoras de un golpe, y, las tabletadoras rotatorias. Las tableteadoras de más alta velocidad vienen con una torreta o plataforma rotatoria que sostiene un número determinado de punzones. Mientras estos rotan alrededor de la torreta, los punzones tienen contacto con cámaras que controlan la posición vertical del punzón.

Los punzones y matrices están usualmente diseñados para cada aplicación, pueden estar manufacturados en una amplia variedad de formas, tamaños o pueden ser personalizados según los requerimientos del cliente. Dependiendo del tamaño de la tableta, forma, material y configuración, una tableteadora actual (al 2023) puede producir **alrededor** de 100.000 tabletas por hora.

El diámetro y forma de la tableta son determinados por los formatos (la matriz y dos punzones (uno superior y otro inferior)) de la máquina tableteadora; esto se conoce como estación. Durante la manufactura, la altura de la tableta es determinada con la cantidad del gránulo, la posición de los punzones, y, su relación durante la compresión.

Una vez determinada la altura de la tableta, se puede medir la presión correspondiente aplicada durante la compresión. Las tabletas resultantes deben tener la dureza suficiente como para resistir el transporte y manipulación hasta la entrega al consumidor (o paciente), y, del mismo modo deben ser lo suficientemente friables como para desintegrarse en alguna porción del tracto gastrointestinal.

La principal medida de la fuerza mecánica de una tableta es la determinación de su dureza. Los equipos empleados para esta determinación son los durómetros. El análisis de dureza de la tableta, es una técnica usada por la industria farmacéutica para medir el punto de quiebre y la integridad estructural de la tableta. El punto de ruptura de la tableta es basado en su forma; presenta similitud con un test de friabilidad, pero no es igual a este.

Para la determinación de la dureza, el técnico (u operario debidamente capacitado) alinea la tableta de un modo repetible, y esta, es aplastada entre dos estructuras. La primera estructura (aquella en movimiento) aplica una fuerza continua hasta cuando la tableta se empieza a romper. Es en este punto que la dureza es leída por el equipo.

La unidad de fuerza del SI (Sistema Internacional) que es utilizada para medir la dureza de la tableta es el Newton; otra unidad es el Kilopondio (kp o kilogramo fuerza), aunque su uso está prácticamente descontinuado, salvo en ciertos equipos presentes en empresas farmacéuticas que usualmente ya llevan varias décadas en el mercado.

En la manufactura de tabletas otro parámetro de interés es la friabilidad. La friabilidad describe la tendencia de un sólido a romperse en partes bajo coacción o contacto. La determinación de la friabilidad en tabletas es una técnica utilizada para medir la durabilidad de las tabletas durante el tránsito. Esta prueba involucra el repetido lanzamiento de una muestra de tabletas por un tiempo determinado utilizando un accesorio rotatorio con un deflector para cambiar su dirección. El resultado se mide en base a las tabletas rotas y el cálculo se realiza en base al porcentaje de masa perdido al final versus al peso inicial de las tabletas.

Generalidades de la manufactura de las tabletas

En el proceso de tableteado lo principal es garantizar que la cantidad apropiada de activo esté distribuida en cada tableta. Por tal motivo, todos los ingredientes deben ser bien mezclados. Si por una u otra razón una cantidad lo suficientemente homogénea de los componentes no puede ser obtenida por un proceso de mezclado simple, los ingredientes deben ser previamente granulados a la compresión, para así asegurar una buena distribución del componente activo en la tableta final. Dos metodologías básicas son usadas para granular los polvos a ser utilizados en las tabletas:

- La granulación húmeda y,
- La granulación en seco.

Aquellos polvos cuyo gránulo sea del tamaño correcto y que no requieran granulación previa (sea esta por vía húmeda o en seco) pueden ser comprimidos por compresión directa.

<u>Granulación Húmeda</u>

La granulación húmeda es un proceso que utiliza un líquido y un aglutinante a fin de aglomerar la mezcla. La cantidad de líquido debe ser controlada apropiadamente, de modo que se eviten dos cosas puntualmente: a) una sobre humidificación que pueda volver a los gránulos muy duros, y, b) una baja humidificación puede hacer que los gránulos sean demasiado suaves y friables. Las soluciones acuosas tienen la ventaja de ser más seguras de manejar que aquellas de sistemas basados en solventes, pero estas solucionas acuosas no resultan adecuadas para aquellas drogas degradadas por hidrólisis.

Procedimiento General de Granulación por Vía Húmeda

1. El principio activo y los excipientes son pesados y/o medidos según sea el caso.
2. Se procede luego a colocar estas sustancias en un equipo mezclador adecuado.
3. El "gránulo húmedo" se prepara añadiendo una solución aglutinante (dependiendo el caso) al producto que está en el equipo mezclador. Posterior a la adición de la solución aglutinante se continúa con la mezcla en el equipo. Puede ser, y dependiendo del proceso, que el aglutinante vaya en la mezcla dentro del equipo y que para la formación del "gránulo húmedo" se agregue el solvente (sea esta agua, o alcohol)
4. Una vez mezclados los componentes se procede a colocar la mezcla en un granulador que tiene una malla de tamaño adecuado acorde al proceso.
5. Luego de pasar por el granulador se coloca la mezcla en bandejas metálicas cubiertas en la parte superior con papel parafinado (esto, para un secado por horno)
6. Una vez descargado todo el contenido del mezclador (mismo que pasó ya a través de la malla), se colocan las bandejas metálicas en el horno y se setea la temperatura.
7. Una vez seco el producto endurece considerablemente, por tal motivo debe nuevamente pasar a través de un equipo granulador (con una malla adecuada según el proceso); esto, hasta obtener un gránulo de tamaño uniforme, mismo que puede ser mezclado en el equipo junto con otros excipientes previo a la compresión.

Granulación en Seco

Este procedimiento parte de una mezcla previa a la cual se le ha adicionado lubricante, en una pequeña cantidad a lo estipulado en la fórmula total, para proceder así a ser colocada en la máquina tableteadora.

Lo primero que se busca en esta vía es la obtención de unos tabletones (que son tabletas que pudieren o no tener la misma forma que el producto final, como así mismo pudieren tener igual, similar o menor peso a la tableta a obtenerse).

La sucesiva rotura, granulación y tableteado de los tabletones busca obtener un gránulo pre-comprimido **lo menos polvoso que se pueda**, para así poder obtener un producto resultante con las características adecuadas.

La granulación en seco se da por un proceso de compresión y granulación continuo y sucesivo (se comprime, se granula; se rompe el granulado; se comprime, se granula, se vuelve a romper el granulado).

Es importante que posterior a cualquier mezcla dentro de este proceso de granulación – tableteo - rotura del tabletón; se proceda con una mínima, pero adecuada lubricación de la mezcla. Esto con la finalidad de asegurar que el polvo no se pegue a los punzones del equipo tableteador. Esta pequeña cantidad de lubricante durante la formación de los tabletones, evita un daño de los punzones permitiendo un adecuado flujo de trabajo de la máquina tableteadora. **Una mezcla sin lubricante** no solo que **no tableteará**, sino que desgastará o dañará los punzones y sus matrices, forzando además a la máquina a que pudiere sufrir un considerable daño debido al esfuerzo y al desgaste. El punto clave a considerar en este paso, radica en que el lubricante no interfiera en la disolución del principio activo durante los análisis de laboratorio; esto a la vez que durante las compresiones-roturas sucesivas del gránulo, el lubricante permita obtener un tabletón adecuado y una posterior tableta con su debido brillo o presentación más idónea, según las especificaciones.

Recubrimiento de las tabletas

Luego del proceso de tableteado muchas tabletas son recubiertas. En el pasado eran populares los recubrimientos tipo grageado utilizando azúcar, actualmente se prefiere como agentes de recubrimiento la utilización de polímeros y polisacáridos con pigmentos incluidos usualmente.

Un recubrimiento de una forma farmacéutica sólida debe ser estable y lo suficientemente resistente como para mantener las especificaciones del producto durante su almacenamiento y transporte. Un recubrimiento adecuado garantiza: a) que las tabletas no se peguen las unas a las otras, b) ausencia de bordes irregulares o de alguna capa que oculte el logo o ranura de la tableta (cuando sea el caso).

El recubrimiento de una tableta es necesario para aquellas que tengan un sabor desagradable. Un adecuado acabado que se le dé a la tableta cubierta puede hacerla más fácil de tragar. El recubrimiento es también útil para extender la estabilidad de la tableta o para proteger a alguno de sus componentes que pudieren ser sensibles a la oxidación, a la humedad o algún otro tipo de degradación.

Un recubrimiento entérico (la liberación y absorción del activo de la tableta o cápsula se da en el intestino delgado) es recomendado para aquellos principios activos sensibles a la acidez o irritantes al estómago. La selección de un agente de recubrimiento adecuado deberá realizarse con base y fundamento acorde a la literatura técnica conocida. No hay lugar a la improvisación o experimentación, de forma especial si estamos haciendo un producto cuyo enfoque será comercial. Un recubrimiento resistente a la acidez estomacal se disolverá y absorberá en un área intestinal de menor acidez.

El recubrimiento entérico también es utilizado para aquellos sólidos orales que pudieren ser afectados negativamente en el tiempo que tardan en llegar al intestino delgado; lugar en donde será su absorción. De forma general los recubrimientos son elegidos para controlar la tasa de disolución del fármaco en el tracto gastrointestinal; existen fármacos cuya absorción es mejor en ciertos tramos del sistema digestivo. Si el tramo al que nos referimos es el estómago, el recubrimiento a seleccionar debe ser uno que permita una disolución en medio ácido. En cambio, para aquellos cuya tasa de absorción sea mejor en el colon, un recubrimiento de tipo ácido-resistente y de absorción lenta sería el más idóneo para garantizar que la tableta llegue a este tramo del tracto digestivo, antes de dispersarse.

De forma general existen dos tipos de máquinas de recubrimiento utilizadas en la industria: los bombos de recubrimiento y los equipos de recubrimiento automático. Los bombos de recubrimiento se utilizan en aquellas coberturas formuladas en base a azúcar; en cambio, los equipos automáticos se utilizan para toda clase de recubrimientos, pudiendo estar equipados con un panel a control remoto, un deshumidificador y un recolector de polvo adecuado. Para aquellos recubrimientos que contengan alcohol isopropílico se recomienda un diseño de un sistema de recubrimiento a prueba de explosiones.

Las motivaciones para el recubrimiento de las tabletas son diversas, pudiendo ser comerciales o "estéticas" (brillo, color), mejoramiento de la estabilidad (protección de la luz, humedad, aire); y para facilitar la deglución de la forma farmacéutica oral en aquellos productos como un antibiótico, por ejemplo, que pudiere ser amargo (incluso vomitivo) al primer contacto con la cavidad bucal durante la administración del fármaco. La modificación del comportamiento de liberación del principio activo puede ser una causa en lo que respecta a la decisión técnica-química-comercial de cubrir un sólido oral. Generalmente un recubrimiento podría tener un grosor de entre alrededor 20 a 100 micrómetros.

Las formulaciones de recubrimiento usualmente pueden tener entre sus componentes a los siguientes elementos: un polímero, un plastificante, agentes colorantes, un opacificador, un solvente y un vehículo (dependiendo el caso).

1. Polímero

Dentro de este grupo tenemos aquellos derivados de la celulosa (ej. los éteres de celulosa) y polímeros acrílicos o copolímeros. Entre los polímeros tenemos a los polietilenglicoles de alto peso molecular, al P.V.P (polivinilpirrolidona), las ceras y el alcohol polivinílico. Frecuentemente un polímero se disuelve en un solvente adecuado, pudiendo este ser agua, o en su defecto un solvente no acuoso. Pese a esto, algunos polímeros insolubles en agua están disponibles para ser utilizados con sistemas acuosos; estos materiales tienen una interesante aplicación en métodos de recubrimiento de liberación controlada, siendo los más conocidos los látexes verdaderos y los pseudo látexes.

1. a. Mecanismo de formación de las películas de recubrimiento

El mecanismo de formación de una película para una dispersión polimérica acuosa ha sido interés de revisión de varios autores. Estando húmedo el polímero se muestra como un número de partículas discretas, mismas que se unen, se deforman y coalescen (o combinan) dando así lugar a la formación de la película. En este escenario, el agua se perderá como vapor de agua y las partículas de polímeros aumentan su proximidad unas con las otras. La coalescencia completa ocurrirá cuando las partículas adyacentes tengan la capacidad de difundirse una en otra.

I. Polímeros más comunes utilizados en recubrimientos

A. Celulosas

a.1. Hidroexietilcelulosa (HEC). Presenta solubilidad en agua, es insoluble en solventes orgánicos.

a.2 Hidroxipropilcelulosa (HPC). Sustancia soluble tantos en solventes acuosos como en solventes alcohólicos. Sus películas sin embargo tienden a ser pegajosas y débiles, lo que ralentiza su recubrimiento. Su uso se da con otros polímeros a fin de incrementar la adhesión.

B. Polímeros Acrílicos

Este grupo comprende polímeros de funcionalidades diversas

b.1. Copolímero Metacrilato Aminoester. - Polímero básicamente insoluble en agua, puede disolverse en soluciones por debajo de un pH 4. En ambientes neutros o alcalinos, sus películas alcanzan solubilidad por deglución y la permeabilidad de estas películas se incrementa en medios acuosos. Las formulaciones diseñadas para un recubrimiento tradicional pueden ser modificadas para incrementar su expansión y permeabilidad mediante la incorporación de materiales solubles en agua como son los éteres de celulosa y almidones; esto con la finalidad de asegurar una completa disolución/desintegración de la película de recubrimiento. Este copolímero es provisto tanto en polvo como en una solución concentrada de alcohol isopropílico/acetona, la cual puede ser diluida con solventes tales como el etanol, metanol, acetona y cloruro de metileno. A la fórmula de recubrimiento pueden añadirse materiales como: talco, estearato de magnesio, o similares; esto con la finalidad de reducir la naturaleza pegajosa del polímero.

Más allá de la diferencia existente entre un polímero utilizado para un recubrimiento simple (no funcional) de uno empleado para recubrimiento modificado, la clasificación o categorización de los polímeros dentro de estas divisiones no es siempre exacta; pudiendo varios polímeros cumplir ambas funciones.

II. Polímeros de Liberación Modificada

A. Copolímeros de metacrilato éster.

De estructura relativamente semejante a los copolímeros de ácido metacrílico, son sustancias neutrales e insolubles por encima de pH fisiológico, pero poseen la habilidad de hincharse y volverse permeables al agua y sustancias disueltas, volviéndose así útiles en el recubrimiento de formas sólidas de liberación modificada. Materiales hidrofílicos incorporados tales como éteres solubles de celulosa, o el PEG (polietilenglicol) permiten modificar la formulación hasta encontrar la característica deseada. Sustancias como el Eudragit (ya sea como Eudragit RS y Eudragit RL) se pueden mezclar y combinar para alcanzar un buen perfil de liberación. La fuerte permeabilidad del Eudragit RL, y su leve o ligera capacidad retardante, hace que sus películas estén indicadas para tabletas de rápida desintegración. En los recubrimientos acuosos, un látex de cada polímero es disponible, como sucede con el Eudragit NE 30 D; polímero que adicionalmente es utilizado en recubrimientos no funcionales de liberación inmediata, para aquellas formulaciones que tengan grandes cantidades de materiales solubles en agua.

B. Etilcelulosa (EC)

Éter de celulosa resultante de una reacción de cloruro de etilo con una solución alcalina de celulosa apropiada. Más allá de su extenso uso en recubrimientos de liberación prolongada, la EC es útil en recubrimientos basados en solventes orgánicos en una mezcla con otros polímeros de tipo celulósico, en especial la HPMC (hidroxipropilmetil celulosa). La etilcelulosa le da un brillo extra a la superficie de la tableta y en muchas maneras resulta un polímero ideal para recubrimientos de liberación controlada; presentando además una ausencia de olor y sabor y un alto grado de estabilidad a la luz y al calor, no solo bajo condiciones fisiológicas, sino además a condiciones normales de almacenamiento. La solubilidad de la EC a solventes comunes utilizados para el recubrimiento es buena, sin embargo, esta característica no reviste mayor importancia ante las presentaciones dispersables en agua, las cuales han sido especialmente diseñadas para liberación modificada. Este polímero ha presentado una tendencia al desuso por sí mismo, sino que se ha combinado con otros polímeros secundarios como hidroxipropilmetil celulosa o polietilenglicol; sustancias que le confieren al EC una naturaleza más hidrofílica a la película, alterando su estructura en virtud de poros y canales que permiten al fármaco diluido difundir fácilmente.

2. Polímeros Entéricos

Son el tipo de polímeros cuyo diseño resiste la acidez natural del estómago permitiendo así la disolución del fármaco en el duodeno.

A. Acetato ftalato de celulosa (CAP)

Insoluble en agua, alcohol, e hidroxicarbonos clorinados. Una versión pseudolátex está disponible como un polvo seco (Aquateric) para reconstituir en agua y utilizarla en procedimientos acuosos. Por su constitución química los recubrimientos entéricos de este tipo tienden a presentar un grado variable de estabilidad.

A. Ftalato Acetato de Polivinilo (PVAP)

Esta sustancia presenta las siguientes características de solubilidad:

- 50% soluble en metanol

- 30% soluble en Metanol/Cloruro de Metileno

- 25% soluble en Etanol al 95 %

- 30% soluble en Etanol/agua 85:15

Una forma dispersible en agua (Sureteric) está disponible para recubrimientos acuosos.

B. Shellac

Resina purificada de la secreción del insecto Laccifer Lacca, originario de la India y de otras partes del lejano Oriente. Los shellacs pueden ser modificados para ajustarse a necesidades especializadas. El shellac es insoluble en agua, pero puede mostrar solubilidad en soluciones alcalinas o ser moderadamente soluble en etanol caliente. Las modificaciones del shellac muchas veces ocasionan problemas de distribución de esta materia prima y variación de su calidad.

C. Copolímeros del ácido metacrílico

Debido a que poseen grupos carboxílicos libres son utilizados en recubrimientos de materiales entéricos, formando sales con álcalis y teniendo una solubilidad apreciable a un pH por encima de 5.5. De los dos polímeros solubles en solventes orgánicos, el Eudragit S100 tiene un menor grado de substitución con grupos carboxilos y consecuentemente se disuelve a un pH más elevado que el Eudragit L100. Usados en combinación, estos materiales son capaces de proveer películas con un rango útil de pH sobre la cual ocurrirá su solubilidad. La adición de pigmentos y otras sustancias a las formas de Eudragit dispersables, como es el caso del L30D y el L100-55, debería ser realizada acorde a las recomendaciones del fabricante, a fin de prevenir la coagulación de la solución de recubrimiento.

3. Plastificantes

Materiales de bajo peso molecular con la capacidad de alterar las propiedades físicas de un polímero, volviéndolo así más útil en su función de agente de recubrimiento (más suave y flexible). El mecanismo de acción de un plastificante es generalmente descrito en que sus moléculas se interponen entre las uniones del polímero y así se rompen los enlaces polímero-polímero. Esta acción es facilitada porque los enlaces polímero-plastificante son considerados más fuertes; y bajo este modelo puede ser visualizado como un plastificante es capaz de transformar un polímero en un material más flexible. Experimentalmente, el efecto de un plastificador en un sistema polimérico puede ser demostrado en muchas maneras; una propiedad fundamental de un polímero que puede ser determinada por varias técnicas es la determinación de la Temperatura de Transición Vítrea (Tg); ésta es la temperatura a la cual un polímero cambia de su forma dura vítrea a una forma más suave y gomosa. Siendo la acción del plastificante la de disminuir esta temperatura.

Los plastificantes pueden ser clasificados dentro de tres grupos

1. Polioles

a. Glicerol (glicerina)

b. Propilenglicol

c. Polietilenglicoles PEG (generalmente los de grado 200 a 6000)

2. Ésteres orgánicos

a. Ésteres de ácido ftálico (dietilo, butilo)

b. Dibutil sebacato

c. Ésteres de ácido cítrico (trietil, acetil trietil, acetil tributil)

d. Triacetina

3. Aceites/Glicéridos

a. Aceite de castor

b. Monoglicéridos acetilados

c. Aceite de coco fraccionado

4. Opacificadores/colorantes

Los opacificadores y colorantes permiten la identificación del producto tanto de parte del manufacturador como de los pacientes. En el caso de los pacientes puede ser útil para aquellos que tomen múltiples medicaciones; incluso ayuda a los fabricantes a disminuir un posible riesgo de falsificación.

Clasificación. -

a. Colorantes orgánicos y sus lacas.

En este grupo encontramos materias primas tales como el Sunset Yellow, Patent Blue V, Quinoline Yellow, etc. En lo referente en el recubrimiento de tabletas su uso es restringido debido a su solubilidad en agua. Sin embargo, sus complejos insolubles en agua con alúmina hidratada, conocidas como lacas (lakes), son ampliamente usados para recubrimientos.

b. Colorantes inorgánicos.

La estabilidad hacia la luz es una característica importante demostrada por estos materiales, algunos de los cuales tienen una útil capacidad opacificadora, por ejemplo, el dióxido de titanio. Otra gran ventaja de los colorantes inorgánicos es su amplia aceptación regulatoria, haciéndolos útiles para las compañías multinacionales en orden de estandarizar fórmulas internacionales.

c. Colorantes naturales.

Estos son un grupo de materiales químicamente y físicamente diversos. La descripción "natural" es ligeramente vaga, debido a que algunos de estos productos son de síntesis química y no tanto de extracción de fuente natural; el término generalmente aplica a aquellos materiales como "idénticos al natural", lo cual en muchas maneras sería más descriptivo. Generalmente este tipo de colorantes no son estables a la luz como otros grupos de colorantes. Sin embargo, poseen una ventaja regulatoria lo cual les da alta aceptabilidad.

5. Solventes

Estos materiales tienen una función necesaria porque proveen el medio de unión entre los materiales de recubrimiento a la superficie de la tableta.

Las clases de solventes utilizados son:

- Agua
- Alcoholes
- Cetonas

Un prerrequisito para el solvente sería que tiene que interactuar con el polímero seleccionado; esto se necesita debido a que una interacción polímero-solvente permite la optimización de adhesión y fuerza mecánica en el recubrimiento.

2. CONCEPTOS GENERALES DE LAS FORMAS FARMACÉUTICAS LÍQUIDAS ORALES, LÍQUIDAS TÓPICAS, SEMILÍQUIDAS ORALES Y SEMILÍQUIDAS TÓPICAS ENFOCADAS AL DESARROLLO DE MEDICAMENTOS

1. Formas farmacéuticas líquidas

Son aquellas que contienen un sólido o líquido contenido (o varios de estos según sea el caso) en uno o varios solventes adecuados que se encuentran en mayor concentración o proporción que el principio activo. Mayoritariamente son de naturaleza acuosa, alcohólica o hidroalcohólica.

Dentro de las formas farmacéuticas líquidas encontraremos de manera general a las:

a. Formas farmacéuticas líquidas orales

De administración oral como indica su nombre, suelen contener (dependiendo de las propiedades del principio activo), algún saborizante, edulcorante y/o enmascarador de sabor. Pueden ser de ingestión oral o para algún tratamiento tópico bucal.

Son mezclas homogéneas, rara vez viscosas, y pueden tener por fines comerciales algún colorante.

Presenta generalmente ausencia de polímeros solubilizadores, y si tuviese algún tipo de polímero, como sucede con las preparaciones que tienen CARBOWAX 1450 (PEG 1450), pues, este polímero no ayuda a la suspensión, dispersión o emulsificación de los componentes de la fórmula sino, que más bien el polímero permite la disolución de un activo de poca o nula solubilidad en solventes acuosos a temperatura ambiente, como ocurre al preparar un jarabe que contenga PEG 1450 y acetaminofén.

b. Formas farmacéuticas líquidas tópicas

Para uso externo, pueden contener en su composición (además del principio activo y dependiendo de la formulación) algún emoliente, exfoliante, agente cicatrizante o agente refrescante (como el mentol), de desempeño ya conocido en la farmacia clásica galénica. Para diferenciarla de una preparación semilíquida podemos mencionar que no contienen gomas o polímeros emulsificantes (al menos no en una proporción como las emulsiones y suspensiones), sino que más bien están formadas por mezclas simples (a través de un "juego de solubilidad" de ver que sólido o líquido es soluble en otro antes de la mezcla final). Adicionalmente las preparaciones líquidas tópicas (y sucede del mismo modo con las líquidas orales) **NO** requieren la ayuda de algún equipo homogenizador (como por ejemplo el homogenizador Gaulin) para lograr la combinación de sus componentes.

c. Formas farmacéuticas semilíquidas orales

Contienen en su composición algún agente emulsificante o suspensor que permite una homogenización de los componentes que presenten poca solubilidad entre sí.

Encontramos dentro de esta categoría a suspensiones y emulsiones. Siendo las suspensiones aquellas formas farmacéuticas que tengan uno o varios sólidos, que normalmente serían insolubles en los vehículos de la formulación, dispersos con ayuda de algún agente suspensor, se muestran mayormente viscosos y deben permanecer homogéneos al dejarlos en reposo por largo tiempo. Las emulsiones en cambio consisten en aquellas sustancias no miscibles o no solubles de naturaleza líquida o semilíquida (pudiendo ser semisólida según la preparación) que se encuentra en combinación con otros excipientes (o con solamente un vehículo o solvente) en los que normalmente sería inmiscible. Tiene en su composición un agente emulsificante (que permite la combinación de sustancias oleosas y no oleosas), y al momento de su preparación pudiere o no utilizarse de un homonogenizador (tipo Gaulin u otro apropiado) para mantener homogenidad en el producto. Debe adicionalmente ser estable al ser dejada en reposo, evitando al mínimo (o en un 99,99%) la separación de sus fases (en estado de reposo).

d. Formas farmacéuticas semilíquidas tópicas

De uso externo, contienen en su composición agentes emulsificantes o suspensores dependiendo de la preparación. Así mismo, y al ser tópicos, pueden contener agentes emolientes, astringentes o refrescantes (dependiendo de la formulación). De viscosidad fluida (diferenciación de cremas de escasa viscosidad y ungüentos), son una forma farmacéutica intermedia entre líquidos y semisólidos. Su preparación mayormente en caliente implica muchas veces un uso simultáneo de ceras emulsificantes o de gomas suspensoras en una misma fórmula. Para su preparación y acabado final, pudiere requerirse de un homogenizador (a través del cual se pasa en su estado más fluido).

2.1. JARABES

Los jarabes son preparaciones orales que buscan un sabor agradable al paladar (cuestión que pudiere complicarse dependiendo del principio activo). Muchas de sus formulaciones contienen azúcar (sucrosa), sin embargo, esto debe ser considerado con cuidado dependiendo el target poblacional (grupo al cual va dirigido el producto); ya que pudieren existir pacientes con tendencia a la diabetes, para quienes estaría totalmente contraindicado este tipo de formulaciones, debiendo diseñarse en su defecto preparaciones endulzadas con combinaciones de sucralosa y/o sacarina sódica (o aspartame).

Los jarabes se muestran homogéneos, transparentes (libres de opacidad y turbidez) y generalmente coloreados. Diseñados para ser utilizados en niños y adolescentes, pueden ser una opción de consumo para aquellos activos que requieran poca dosificación o en ciertos casos para aquellos adultos a quienes se les dificulte (por varios factores) la deglución de tabletas enteras.

2.2. SOLUCIONES ORALES

Homogéneas, coloreadas o transparentes, con ausencia de turbidez (debe presentar mínima o nula opacidad visible), las soluciones presentan viscosidad mucho menor en comparación a un jarabe, se caracterizan por la fluidez de su presentación y son mayormente utilizadas en preparaciones bucodentales tipo enjuagues bucales o productos afines; o en medicamentos de rehidratación oral. Generalmente se envasan en frascos PET transparentes (dependiendo la estabilidad y característica del producto), tienden a ser formas farmacéuticas cuya presentación comercial (entiéndase por esto contenido completo), es consumido en su totalidad durante un periodo **no muy largo de tiempo**, a diferencia de un jarabe que pudiere sobrar su contenido luego de que se termine el tratamiento indicado por el Médico, o en algunos casos cuando cesan los síntomas.

3. CONCEPTOS GENERALES DE LAS FORMAS FARMACÉUTICAS SEMISÓLIDAS ENFOCADOS AL DESARROLLO DE MEDICAMENTOS

3.1 PREPARACIONES TÓPICAS (CREMAS, UNGÜENTOS, GELES)

3.1.1 CREMAS

Forma farmacéutica semisólida generalmente tópica, que contiene en su composición sustancias oleosas y no oleosas emulsificadas por algún agente apropiado, pudiendo además tener sólidos disueltos o en suspensión. Se presentan muchas veces fluidas, pero con una viscosidad (dependiendo del producto) algo mayor a las formas farmacéuticas semilíquidas. Usualmente envasadas en tubo de aluminio, frascos con dispensador y escasamente en potes o pomos, pueden tener aplicaciones varias que van desde un uso terapéutico a un uso cosmético.

3.1.2 UNGÜENTOS

Forma farmacéutica semisólida tópica, se muestra generalmente untuosa, nula o escasamente fluida (en comparación con una crema). De aplicación mayoritariamente farmacéutica, suelen venir en tubos o pomos. Sus preparaciones se dan en caliente, y muy pocas veces en frío. Hay preparaciones en las cuales se requiere que las mezclas guarden un tiempo de reposo antes del envasado, lo que implica que para ser comercializadas deben prepararse con la debida anticipación.

3.1.3 GELES

Forma farmacéutica que contiene un agente gelificante (pudiere ser el carbopol o carbómero 940) en proporción tal como para tener su aspecto final o comercial. Para este tipo de preparaciones es importante el tiempo de hidratación previo del agente gelificante (goma o polímero), así como una adecuada neutralización del polímero (el cual suele ser ácido la mayoría de las veces) frente a un agente alcalinizante (como es la trietanolamina).

Mayoritariamente tópicos (exceptuando a los complejos multivitamínicos sobre los que no hablaremos en este texto), pueden contener sustancias que normalmente serían insolubles en sus vehículos, pudiendo requerir al uso de agentes solubilizantes o de agentes emulsificantes para los aceites esenciales o algún otro compuesto oleoso. De apariencia viscosa y característica (similar a la gelatina preparada), pueden ser espesos (pesados) o tener cierta fluidez (ligeros) (dependiendo del producto)

PARTE II
INTRODUCCIÓN AL DESARROLLO DE FÓRMULAS

1. NORMAS GENERALES DE BUENAS PRÁCTICAS DE MANUFACTURA PARA LA INDUSTRIA FARMACÉUTICA RELACIONADAS AL DESARROLLO DE MEDICAMENTOS

Amables Lectores, a continuación, encontrarán normas generales y básicas acerca de las Buenas Prácticas de Manufactura, mismas cuyo cumplimiento ayudará a realizar un adecuado desarrollo de medicamentos en sus respectivas industrias.

a. Sobre el Aseguramiento de Calidad

I. Debe existir un sistema de Aseguramiento o Garantía de la Calidad, el cual deberá ser coordinado por personal con las competencias requeridas.

II. La empresa deberá contar con una política de calidad, la cual debe ser debidamente socializada en todos los niveles de la compañía.

III. La capacitación o inducción (para personal nuevo) con respecto a la política de calidad se hará acorde a procedimientos escritos bien definidos.

IV. Debe existir un Procedimiento Operativo Estándar (P.O.E) sobre autoinspecciones y auditorías de calidad.

V. Debe existir una copia de almacenamiento para aquellos procesos manejados electrónicamente.

VI. El acceso a los sistemas electrónicos de información deberá estar restringido a través del uso de usuarios y contraseñas que garanticen la confidencialidad de la información.

VII. Se requiere de un programa de control de P.O.Es

VIII. Los lotes pilotos dentro de un proceso de desarrollo de fórmulas deberán estar validados prospectivamente previo a su comercialización y se validarán concurrentemente al menos los tres primeros lotes a escala comercial.

IX. La documentación generada durante el desarrollo de producto deberá ser correctamente almacenada.

X. Deberá existir un P.O.E de liberación de productos desarrollados al mercado.

XI. En caso de existir alguna desviación en los procesos, estas serán debidamente investigadas, y los resultados de esta investigación almacenada.

XII. No aplica una investigación de Aseguramiento de Calidad para etapas de preformulación o de desarrollo de medicamentos, a menos que las personas responsables de este proceso detecten alguna anomalía que pudiere impactar en otros productos o procesos independientes al desarrollo realizado.

XIII. Aseguramiento de la Calidad verificará que procedimientos, instructivos, fichas de trabajo o algún documento dentro del SGC del área (o de la persona) de desarrollo sea consistente acorde las especificaciones documentales.

XIV. Se recomienda revisar la documentación del SGC dentro de su periodo de vigencia (o validez).

XV. Aseguramiento o Garantía de la Calidad deberán tener un sistema o medio de verificación que evite el uso de documentos NO vigentes.

XVI. Aseguramiento o Garantía de la Calidad deberá incluir dentro de las capacitaciones anuales temas de Desarrollo de Producto, tanto como para el personal técnico encargado del proceso, como para el personal operativo (o administrativo) de soporte.

XVII. Las capacitaciones de Aseguramiento de la Calidad deberán incluir temas como estudios de estabilidad (acelerada, normal y para productos en desarrollo).

b. Sobre el Control de la Calidad

I. Debe existir un área o sector asignado para el lavado y acondicionamiento de materiales destinados a la elaboración de lotes pilotos (lotes de desarrollo).

II. El laboratorio de Control de Calidad deberá tener el equipo, reactivos, material y personal necesario como para desarrollar los análisis de lotes pilotos de la forma más óptima.

III. Una correcta planificación del representante (o área de desarrollo) es necesaria para poder indicarle a Control de Calidad, qué estándares (de principios activos) deben ser requeridos para la realización de los análisis. Salvo mínimas excepciones, se recomienda solamente el uso de Estándares Patrón tipo primario para los análisis de los lotes en desarrollo.

IV. Todo servicio de análisis tercerizado deberá contar con la respectiva documentación de soporte (acuerdos técnicos o contratos), en caso de que sea requerido en una auditoría.

V. Previo a la realización de los lotes pilotos, se debe verificar el estado de mantenimiento (preventivo especialmente) de los equipos a intervenir en los ensayos.

VI. Todo instrumento de medición o precisión deberá contar con su debida calibración.

VII. Los equipos o instrumentos de medición (o precisión) deberán tener debidamente rotulado su estado de calibración.

VIII. Toda materia prima (incluyendo material de envase, empaque, insumo) utilizada en el desarrollo de un lote piloto deberá contar con su debida aprobación.

IX. El P.O.E de análisis de materia prima (y demás) deberá incluir una sección que describa el procedimiento de disposición de aquellos insumos (o materias primas) rechazados que hayan ingresado como muestras para el desarrollo de productos (es decir, no son parte del stock normal de la planta farmacéutica).

X. Los métodos analíticos no farmacopeicos (o alguna variación a estos) deberán estar validados.

XI. Cada dossier o reporte generado durante la realización de los lotes pilotos deberá contar con las debidas especificaciones de materias primas, materiales de envase y empaque, producto semielaborado, producto terminado; junto con sus certificados de análisis.

XII. Se deberá tener un procedimiento para el ingreso, almacenamiento y disposición final de aquellas muestras de lotes pilotos generados en las pruebas de desarrollo, debiendo darles preferencia a aquellas muestras que en un almacenamiento a largo plazo hayan mantenido estables sus características organolépticas, físicas y químicas (estas dos últimas según sus farmacopeas oficiales o acorde a las especificaciones In-House).

XIII. Una vez determinada la vida útil que tendrá el lote piloto aprobado (el más estable y que cumpla los requisitos comerciales), se aconsejan almacenar sus muestras hasta después de 1 año de su fecha de caducidad.

XIV. Para el caso de aquellas muestras que serán usadas como sustancias de referencia correspondientes a principios activos no codificados se realizarán los debidos ensayos de caracterización y pureza.

XV. Las soluciones a utilizarse en los análisis deben estar valoradas.

XVI. Los análisis de los lotes pilotos deberán contar con sus debidos resultados analíticos. Y de forma especial una vez obtenido el lote final, se deberán guardar los registros (hojas de cálculo, hojas de trabajo, audit trail, cromatogramas) acorde a sus estabilidades.

XVII. Todo error en la documentación (incluyendo la documentación del cuaderno de trabajo o preformulación de los lotes pilotos) deberá ser corregido con una línea, junto a la línea el dato correcto, y la firma y fecha de la persona que realiza la corrección (esto, acorde a lo estipulado en las Buenas Prácticas de Documentación).

XVIII. Los registros de los análisis de control de calidad contendrán por lo menos la siguiente información:

- Identificación de la muestra (nombre y lote)
- Fecha
- Nombre del analista
- Identificación del estándar de referencia.
- Parámetros y condiciones correspondientes
- Resultados de los análisis
- Cálculos y documentación de soporte de los cálculos (ver numeral XVI).

2. CRITERIOS BÁSICOS DE DESARROLLO DE PRODUCTO

Los procesos requeridos para el desarrollo de producto deberán ser planificados, implementados y controlados por el laboratorio farmacéutico, el departamento de desarrollo o el responsable del desarrollo.

Los procesos para el desarrollo de un medicamento se harán preferentemente bajo los siguientes lineamientos:

1. El departamento de Mercadeo (o alguien con experiencia en el mercado comercial farmacéutico) determinará los requisitos del producto a desarrollar.

2. Una vez definido el producto a desarrollar el departamento de Mercadeo pasará una consulta o informe a un responsable técnico (o su designado), con la finalidad de que verifique la factibilidad del desarrollo del producto en las instalaciones del laboratorio farmacéutico, siendo los aspectos a ser considerados los siguientes:

a. El producto a desarrollar debe de estar dentro del alcance del Certificado de Buenas Prácticas de Manufactura. Es decir, yo no podría manufacturar por ejemplo una cefuroxima en un área destinada para la manufactura de antibióticos penicilínicos, ya que la cefuroxima al ser cefalosporínico (independientemente pese a ser betalactámico), requeriría manufacturarse en un área a aparte.

b. El producto a desarrollar (al menos en el Ecuador) debe ya haber sido registrado previamente en el país por lo mínimo con tres registros sanitarios (por competidores en el mercado o por la misma empresa que desee desarrollar el producto) en lo que respecta a la misma sustancia y potencia a registrar (pudiendo ser potencias – concentraciones- mayores o iguales a las que deseo desarrollar). Como ejemplo, yo deseo registrar un sólido oral cuyo activo es el Polietilenglicol 3350 (laxante osmótico), verifico primero en la base de medicamentos de la entidad sanitaria (en Ecuador es ARCSA), y al ver que hay más de 6 fabricantes con el mismo activo, para la misma función y forma farmacéutica y en mayor o igual concentración (a la que deseo desarrollar) pues puedo darle el O.K a mi desarrollo y continuar.

En caso de que desee registrar en Ecuador una molécula (principio activo) por primera vez en el país, requiero los estudios clínicos completos para la aprobación del registro.

c. Debo saber si mi principio activo requiere o no estudio de bioequivalencia (esto no aplica en inyectables).
En caso de que el producto a desarrollar requiera bioequivalencia (pudiera ser esta in vivo o in vitro (ver tabla acorde a la normativa ecuatoriana), la parte Gerencial y Comercial deben decidir si continuar o no con el desarrollo del producto. Generalmente en el Ecuador los ensayos de bioequivalencia tienden a ser muy caros, y la entidad sanitaria requiere que como mínimo el laboratorio donde se realizan los análisis (en el caso de los in vitro) tenga la debida acreditación en el test a realizar (al 2022 hablamos de una normativa ISO 17025).

LISTA DE PRINCIPIOS ACTIVOS QUE DEBEN PRESENTAR ESTUDIOS DE BIOEQUIVALENCIA

No	PRINCIPIO ACTIVO	Tipo de estudio requerido
1	Acido valproico y sus sales	In vivo
2	Carbamazepina	In vivo
3	Ciclosporina	In vivo
4	Digoxina	In vivo
5	Etambutol, combinaciones	In vivo
6	Etosuximida, combinaciones	In vivo
7	Everolimus	In vivo
8	Fenitoina sodica, combinaciones	In vivo
9	Griseofulvina	In vivo
10	Levotiroxina	In vivo
11	Litio, sales	In vivo
12	Metildigoxina	In vivo
13	Metotrexato	In vivo
14	Micofenolato de mofetilo	In vivo
15	Oxcarbazepina	In vivo
16	Procainamida	In vivo
17	Quinidina, combinaciones	In vivo
18	Teofilina, combinaciones	In vivo
19	Tolbutamida	In vivo
20	Tacrolimus	In vivo
21	Verapamilo	In vivo
22	Warfarina	In vivo
23	Alprazolam	In vitro
24	Atenolol	In vitro
25	Biperideno	In vitro
26	Capecitabina	In vitro
27	Ciclofosfamida	In vitro
28	Clonazepan	In vitro
29	Clorambucilo	In vitro
30	Gabapentina	In vitro
31	Lamivudina	In vitro
32	Letrozol	In vitro
33	Metformina	In vitro
34	Propranolol	In vitro
35	Selegilina	In vitro
36	Sunitinib	In vitro
37	Temozolomida	In vitro
38	Zidovudina	In vitro
39	Lamivudina-Zidovudina	In vitro

Tomado de las socializaciones de la ARCSA (autoridad sanitaria ecuatoriana) (2019)

(Al 2023 esta lista de productos se ha incrementado)

d. Luego de haber definido los requerimientos anteriores, el responsable directo de la formulación empieza a ver productos de la competencia que tengan una formulación similar (o igual por qué no) al producto que deseo desarrollar.

En este caso, por ejemplo: si deseo desarrollar un jarabe de paracetamol, puedo hacer una búsqueda en internet de un jarabe conocido de una marca (identificada como) de prestigio. Por ejemplo, puedo tomar como base un TEMPRA jarabe de Laboratorios Bristol (este producto ya está descontinuado en el Ecuador es solo un ejemplo).

TEMPRA, en su composición tiene (ojo, solo como ejemplo ilustrativo): Paracetamol (principio activo). Excipientes: agua purificada, sabor uva, sacarina sódica, color rojo FDC 40, color azul FDC 1, ácido cítrico, PEG 1450, glicerina, propilenglicol.

e. Definida una vez la formulación teórica de mi preparación, procedo a consultar (yo como encargado de la formulación), si en la bodega de mí Laboratorio Farmacéutico cuento con las sustancias anteriormente descritas:
- Paracetamol.
- Sabor uva (tener en cuenta que los sabores llevan una referencia o código, y que esta debe mencionarse en la formulación a registrar ante la autoridad sanitaria)
- Sacarina sódica.
- Color rojo FDC # 40.
- Color azul FDC #1.
- Ácido cítrico.
- PEG 1450.
- Glicerina.
- Propilenglicol
- Agua (esta debe ser purificada, y el equipo del cual se obtiene debe tener su respectivo IQ/OQ/PQ). Todo lote de agua que yo utilice en mis ensayos debe estar referenciado (el número de lote) en mi fórmula. Y adicionalmente el agua a utilizar en mis ensayos debe contar con el debido aprobado. EVITAR a toda costa utilizar agua potable (o de la llave) por muy hervida que sea, incluso en preparaciones tópicas.

El agua de la llave puede usarse para lavado de material e instrumental de desarrollo, PERO, los enjuagues finales se harán con agua desionizada y/o purificada.

f. En caso de no contar con las materias primas anteriormente descritas, se debe realizar la solicitud de importación de MUESTRAS de las materias primas, para realizar esta solicitud, es recomendable ya tener una formula teórica ya definida.

Para esto podemos consultar en algún HANDBOOK de excipientes los porcentajes recomendados. Pero, para poder consultar en un handbook, o más bien el resultado de la consulta de mi handbook será la determinación de la funcionalidad de cada uno de los excipientes.

No.	Sustancia	Principio activo o Excipiente	Función	Concentración a usar acorde a su función
1	Paracetamol.	P.a	P.a	3,200 %
2	Sabor uva Ref. UVA123	Exc.	Saborizante	0,050 % (Dependerá del sabor)
3	Sacarina sódica	Exc.	Edulcorante	0,025%
4	Color rojo FDC # 40	Exc.	Colorante	0,012% (Dependerá de la fórmula o aspecto visual)
5	Color azul FDC #1	Exc.	Colorante	0,006% (Dependerá de la fórmula o aspecto visual)
6	Ácido cítrico	Exc.	Potenciador del sabor en esta preparación	0,300% (Como potenciador del sabor)
7	PEG 1450	Exc.	Agente disolvente del principio activo (paracetamol)	14 % (Se solubiliza en agua tibia o caliente, o se calienta directamente en el producto)
8	Glicerina	Exc.	Saborizante (tiene un sabor ligeramente dulce agradable)	15%
9	Propilenglicol	Exc.	Vehículo (ayuda al paracetamol disuelto en el PEG 1450 a mezclarse fácilmente con la glicerina y el agua)	7%

10	Agua purificada	Exc.	Vehículo (no sería solvente del principio activo, ya que el paracetamol se disuelve solamente en el PEG 1450	c.s.p (en su fórmula debe declarar en agua, y para este caso sería "en teoría" porque puede requerir añadirse más = 60,407 mL) OJO, que los excipientes se combinan y no dan un volumen necesariamente de 39,593 (que sería la suma de los porcentajes de los numerales del 1 al 9) Y si restamos 100 (ya que mi formula es porcentual) – 39.593 = 60,407 (tendré los 60,407 mL que debo declarar en mi fórmula porcentual al momento de registrar mi producto) Por lo tanto, se recomienda trabajar en un tanque con un enrase (o aforo a llegar) conocido para una vez mezclados todos los excipientes, se lleve a volumen (en este caso sería con agua), y puede que se usen más de los 60,407 mL, ya que esa cantidad es NETAMENTE TEÓRICA

g. Una vez que tengo mis concentraciones ya establecidas (en forma teórica) como para un lote de 100 mL (ya que determinamos un cuadro teórico porcentual anteriormente), pues, podemos hacer una relación como para un tanque pequeño de 200.000 mL (200 litros), o también, podríamos calcular las cantidades necesarias para los siguientes volúmenes a preparar: 100 mL, 1000 mL, y 200.000 mL.

Asumamos que no tenemos NINGUNA de las sustancias descritas anteriormente y que necesitamos hacer un pedido o importación, más menos las cantidades a importar se plantearían así:

No.	Sustancia	100 mL	1000 mL	200.000 mL	Cantidad a Importar (consulte con su Representante de Importaciones)
1	Paracetamol.	3,200 %	32,000 g	6400,00 g	Generalmente se permiten importar como muestra no más de 5 Kg (consulte esto con su representante de compras o importaciones), por lo que 5 Kg a importar NO alcanzarían para preparar 200 litros del lote, por ende, recomiendo poner como TOPE a preparar 100 litros, siendo la cantidad a importar 3.200,00 g
2	Sabor uva Ref. UVA123	0,050 %	0,500 g	100,00 g	50,00 g *
3	Sacarina sódica	0,025%	0,250 g	50,00 g	25,00 g *
4	Color rojo FDC # 40	0,012%	0,120 g	24,00 g	12,00 g (está mucho en la práctica, por lo que se recomienda disminuir el colorante, debiendo ser NO mayor a 4 g por cada tanque de 200 litros)
5	Color azul FDC #1	0,006%	0,060 g	12,00 g	6,00 g *
6	Ácido cítrico	0,300%	3,000 g	600,00 g	300,00 g *
7	PEG 1450	14 %	140,000 g	28.000,00 g	14.000,00 g (consulte con su Jefe de Compras si puede comprarlo localmente)
8	Glicerina	15%	150,000 g	30.000,00 g	15.000,00 g*
9	Propilenglicol	7%	70,000 g	14.000,00 g	7.000,00 g*
10	Agua purificada	60,407%	604,070 mL	120.814,00 mL	60.407,00 mL
Total		100,000%	1000 g	200.000 mL	N/A

Fórmula para 100 mL y para 100 litros (pueden hacerse 10 lotes de 10 litros cada uno)

No.	Sustancia	100 mL	100.000 mL
1	Paracetamol.	3,200 %	3.200,00 g
2	Sabor uva Ref. UVA123	0,050 %	50,00 g *
3	Sacarina sódica	0,025%	25,00 g *
4	Color rojo FDC # 40	0,012%	12,00 g*
5	Color azul FDC #1	0,006%	6,00 g *
6	Ácido cítrico	0,300%	300,00 g *
7	PEG 1450	14 %	14.000,00 g *
8	Glicerina	15%	15.000,00 g*
9	Propilenglicol	7%	7.000,00 g*
10	Agua purificada	60,407%	60.407,00 mL
Total		100,000%	N/A

* Este asterisco indica, que se requiere consultar o coordinar con el Jefe de Compras, la cantidad mínima de compra que nos pueden ofrecer localmente, por ejemplo, generalmente encontraremos tanques de glicerina y propilenglicol de 200.000 mililitros (200 L), pero, algunos vendedores pueden hacer excepciones y proveernos de tanques de 50 litros. Ocurre lo mismo con los sólidos, usualmente suelen ser vendidos por kilogramos (1 kg mínimo para la compra); pero todo esto debe trabarse minuciosamente con el Jefe de Compras o Importaciones. Se recomienda que el Jefe de Compras solicite muestras a los proveedores, todo esto depende del presupuesto de la compañía (y de la clase de relación comercial que tenga su empresa con los proveedores de materia prima), lo importante aquí, es que ésta fórmula a 100 litros (que pueden ser preparados como 5 lotes de 20 litros cada uno o 20 lotes de 5 litros cada uno), es una fórmula TEÓRICA. Pero, nos da un indicio de que materias primas vamos a utilizar.

h. Una vez recibida la materia prima, se empezarán los lotes pilotos, debiendo anotarse cada lote realizado en una bitácora o cuaderno de desarrollo, codificado y numerado ya que forma parte del Sistema de Gestión de Calidad (SGC).

PARTE III

FÓRMULAS EN ORDEN ALFABÉTICO

A

ACETILCISTEÍNA
POLVO PARA SOLUCIÓN ORAL
200 mg/sachet

Uso: fármaco mucolítico expectorante.

1. Fórmula

No.	Ingredientes	Cantidad mg/sachet	
1	Acetilcisteína	200,00	mg
2	Aspartame (E951)	26,00	mg
3	Sorbitol en polvo (E420)	752,84	mg
4	Sunset yellow (E110)	0,66	mg
5	Sabor naranja en polvo	0,50	mg
6	Dióxido de silicio colloidal (E551)	20,00	mg
Total de la preparación		1000,00 (1g)	mg

2. Procedimiento de manufactura

a. Mezcle la acetilcisteína, una parte (3/4) del sorbitol y el aspartame.

b. A parte pulverice una parte (1/4) del sorbitol con el colorante y el sabor naranja.

c. Mezcle "a" en "b" y agregue dióxido de silicio coloidal.

Si la preparación resulta poco fluida (polvos que tienden a pegarse), pruebe granulación húmeda, en la que en vez de usar sorbitol usará azúcar (sucrosa).

3. Presentación comercial

Caja x 30 sobres – c/sobre x 1 g de producto

Para granulación húmeda

No.	Ingredientes	Cantidad mg/sachet
1	Acetilcisteína BP	66,66 mg
2	Azúcar cristales (malla 18-60)	914,16 mg
3	Sacarina sódica	3,33 mg
4	Color amarillo FD&C No.6	0,66 mg
5	Sabor naranja	0,16 mg
6	Aerosil 200 (dióxido de silicio coloidal)	20,00 mg
7	Agua purificada	Se pierde durante el secado

1. Procedimiento de manufactura

a. Cargue la acetilcisteína y la mitad de la cantidad de azúcar y sacarina sódica en una mezcladora y proceda a mezclar durante 30 minutos.
b. Tamice la premezcla a través de una malla adecuada.
c. Cargue de nuevo en la mezcladora.
d. Agregue la cantidad restante de azúcar y dióxido de silicio coloidal y mezcle hasta que esté uniforme.
e. Disuelva el colorante en agua destilada.
f. Continúe mezclando los polvos de los pasos anteriores y agregue lentamente la solución del paso anterior (paso e)

g. Cuando se haya completado la adición de la solución, amase manualmente hasta que la granulación se humedezca y coloree de manera uniforme. Si es necesario, complete la masa agregando cantidades adicionales de agua destilada (en incrementos de aproximadamente 1 ml).
h. Verifique que la masa sea adecuada y anote la cantidad total de agua agregada. Registre la cantidad total de agua añadida. No agregue agua en exceso.
i. Extienda los gránulos húmedos en bandejas y seque a 50 ° C hasta que la pérdida en el secado (LOD) no supere el 1%.
j. Deje que los gránulos se enfríen, luego páselos por un granulador oscilante equipado con una malla fina.
k. Cargue los gránulos del paso anterior en mezclador adecuado, agregue el sabor y mezcle hasta que esté uniforme (15 minutos), pasándolo a través de una malla fina si es necesario.
l. Coloque el producto en la empacadora de sachet y otórguele a cada sachet un peso de 3 g por sobre.

¿Cómo sé que los 66,66 mg de acetilcisteína que declara mi cuadro "para granulación húmeda" me darán una concentración en mi producto terminado de 200 mg de acetilcisteína por sachet?

0,06666 (66,66 mg de mi cuadro "para granulación húmeda") están en 1000 mg de preparación

3000 mg (cada sachet lleva 3 gramos) (¿Cuántos mg tendrán?)

x= (0.06666 x 3000) / 1000 = 0,19998 g * 1000 = 199,98 mg/sachet o 200 mg/sachet

2. Presentación comercial sugerida

Caja x 10 sobres – c/sobre x 3 g de producto

ACETILCISTEÍNA

600 mg

Tabletas efervescentes

1. Fórmula

Peso teórico de la tableta: 2000 mg (2g)

No.	Ingredientes	Porcentaje	
1	Acetilcisteína cristalina	30,00	%
2	Lactosa y polivinilpirrolidona (copolímero)	20,00	%
3	Bicarbonato de sodio	22,50	%
4	Ácido tartárico, polvo	17,50	%
5	Polietilenglicol 6000, polvo	3,75	%
6	Aspartame	1,25	%
7	Sabor naranja	5,00	%

2. Procedimiento de manufactura

Mezcle todos los componentes, pase por malla y tabletee por compresión directa a una humedad atmosférica máxima de 30%.

3. Presentación comercial sugerida

Caja x 20 tabletas + inserto

ACICLOVIR
400 mg/5 mL
Suspensión oral

Uso: fármaco antiviral de uso oral.

1. Fórmula

No.	Ingredientes	Porcentaje	
1	Aciclovir	2,00	%
2	Meyprogat	1,00	%
3	Carboximetilcelulosa sódica	0,25	%
4	Sorbitol líquido	20,00	%
5	Metilparabeno	0,12	%
6	Propilparabeno	0,06	%
7	Ácido cítrico	0,30	%
8	Sabor banana líquido	0,02	%
9	Sacarina sódica	0,08	%
10	Agua purificada	76,17	%
Total de la preparación		100 mL	100%

2. Procedimiento de manufactura

a. Coloque la carboximetilcelulosa sódica en agua y déjela hidratar.

b. Disuelva o más bien suspenda el aciclovir en el sorbitol líquido (puede requerirse calentar un poco el sorbitol para facilitar la mezcla)

c. A parte disuelva en agua el ácido cítrico y la sacarina sódica.

d. Disuelva en un poco de alcohol (no se menciona en la fórmula) el metilparabeno y el propilparabeno, agregue luego el sabor banano líquido (aunque sí existen en el mercado sabores banano solubles en agua o en sorbitol)

e. A parte en agua disuelva el meyprogat (trate no exceder el volumen que en esta fórmula teórica sería c.s.p 100 mL).

f. Mezcle todo lo previamente ya procesado (el aciclovir con el sorbitol, los parabenos, el ácido cítrico y la sacarina, la carboximetilcelulosa sódica ya hidratada).

g. Agite vigorosamente y lleve a volumen (recuerde usar envases cuyo enrase ya conoce).

h. Tome una probeta de 100 mL y coloque el producto preparado. Deje en reposo y debe ser escaso el volumen sedimentado al cabo de unas horas.

i. Asegure la estabilidad u homogeneidad de su preparación pasando la muestra a través del equipo homogeneizador Gaulin, al menos dos veces.

j. Proceda a envasar.

3. Presentación comercial sugerida

Caja x frasco x 125 mL + inserto (envase el producto en frasco ámbar)

ÁCIDO ACETIL SALICÍLICO
500 mg
Tabletas

1. Fórmula

No.	Ingredientes	Cantidad mg/tableta	
1	Ácido acetilsalicílico cristalino	500,00	mg
2	Celulosa Microcristalina PH 101	200,00	mg
3	Polivinilpirrolidona K 30	15,00	mg
4	Crospovidona	25,00	mg
5	Estearato de magnesio	3,00	mg
Peso Teórico de la tableta		743,00	mg

2. Procedimiento de manufactura

a. Mezcle

b. Pase los ingredientes por malla.

c. Tabletee

Comentario del autor: Si la preparación presenta inconvenientes en el tableteado, pruebe utilizar vía húmeda, agregando la crospovidona en dos partes (una parte antes de granular y otra después de secar), mientras que el estearato de magnesio como último excipiente antes de tabletear. Utilice agua como solvente y el PVP puede ir en la mezcla, no es necesario que lo agregue como solución aglutinante.

3. Presentación comercial sugerida

Caja x 40 tabletas + inserto

ÁCIDO UNDECILÉNICO SOLUCIÓN

25%

Uso: antimicótico tópico.

1. Fórmula

Ingredientes	Para 100 mL	Para 1.600 mL
Ácido Undecilénico*	22,755g=25mL	364,08g =400 mL
Isopropil Palmitato	75 mL	1200 mL
*Ácido Undecilénico: a 25°C presenta una densidad de alrededor de: 0,9102/cc		

2. Procedimiento de manufactura

Mezcle poco a poco el ácido undecilénico en el isopropil palmitato con agitación constante.

Comentario:

Tome las precauciones necesarias al preparar el producto, ya que la mezcla es aceitosa y cualquier derrame en su área de trabajo, si no es bien manejado, pudiere ocasionar caídas.

3. Presentación comercial sugerida

Caja x frasco de 120 mL + inserto + brochita aplicadora

ALBENDAZOL
400 mg
Tabletas Masticables

Uso: Antiparasitario (antihelmíntico)

1. Fórmula

No.	Ingredientes	mg/tableta	
1	Albendazol	400,00	mg
2	Lactosa de flujo rápido	169,64	mg
3	Almidón de maíz	40,00	mg
4	Aerosil 200	10,00	mg
5	Sucralosa	0,12	mg
6	Sabor tutifruti o Sabor a chicle	0,24	mg
7	Croscarmelosa sódica	16,00	mg
8	Di-pac compressible sugar (azúcar compressible para tabletas masticables)	160,00	mg
9	Estearato de magnesio	4,00	mg
10	Agua purificada	Se evapora en la manufactura, use una cantidad adecuada hasta obtener en el granulado una masa compacta y amoldable a la mano (sí, a la mano o al tacto)	
	Peso de la tableta	800,00	mg

2. Procedimiento de manufactura

a. Mezcle el albendazol, la lactosa de flujo rápido, el almidón de maíz, la sucralosa y el sabor tutifruti o sabor chicle.

Comentario del autor: el albendazol tiene un sabor característico, por lo que se requerirán los debidos ensayos hasta obtener un perfil de sabor deseado.

b. Agregue agua desionizada a la mezcla hasta obtener una masa amorfa pero moldeable.

c. Pase la mezcla por un granulador y la recibe en parrillas cubiertas con papel parafinado (esto para un secado en horno).

d. Una vez seco pase por granulador y coloque en un mezclador.

e. A la mezcla anterior agréguele el Di-Pac (compressible sugar), Aerosil 200, la croscarmelosa sódica y el estearato de magnesio al final.

f. Tabletee con punzones redondos.

3. Presentación comercial sugerida

Caja x 10 blisteres x 10 tabletas c/u + inserto

ALPRAZOLAM

0,25 mg

Tabletas

Uso: Benzodiacepina para el tratamiento de los desórdenes de ansiedad.

MEDICAMENTO CONTROLADO - REQUIERE BIOEQUIVALENCIA IN VITRO

1. Fórmula

No.	Ingredientes	mg/tableta	
1	Alprazolam	0,25	mg
2	Fosfato dicálcico	80,00	mg
3	Almidón de maíz	2,00	mg
4	Gelatina	2,00	mg
5	Almidón de maíz	33,00	mg
6	Propilparabeno	0,08	mg
7	Metilparabeno	0,08	mg
8	Estearato de magnesio	1,00	mg
9	Almidón glicolato sódico	1,00	mg
10	Color amarillo	0,30	mg
11	Agua purificada	c.s.p	-
Peso teórico de la tableta		119,71	mg

2. Procedimiento de manufactura

1. Cargue los artículos 2 y 5 en un recipiente adecuado después de tamizar a través de un tamiz No. 80. Mezcle durante 2 minutos.

2. Tamice el artículo 1 a través de un tamiz de malla 60 y agregue al paso 1. (Nota: Debido a la pequeña cantidad del artículo 1, use un método de dilución adecuado para mezclar la cantidad completa- Puede tomar un poco del polvo del paso 1 y mezclar en una funda de polietileno poco a poco).

3. Mezcle durante 5 minutos.

4. En un recipiente separado, tamice (a través de malla 80) y cargue los artículos 3, 4, 6, 7 y 10 y luego mezcle durante 2 minutos. Agregue una cantidad suficiente del artículo 11 para formar una pasta libre de grumos adecuada. (Es muy posible que el colorante tenga que ser micropulverizado con una parte adecuada de fosfato dicálcico a fin de que el color se distribuya mejor en la tableta)

5. Agregue el paso 4 en el paso 3, y amase y corte para preparar una masa adecuada sin grumos.

6. Extienda la masa húmeda desde el paso 5 en bandejas y seque a 50 ° C durante 12 horas hasta que la prueba de pérdida por secado no sea mayor a un 2%. Seque durante una hora adicional, si es necesario.

7. Pasar los gránulos secos a través de malla No. 20.

8. Tamice los elementos 8 y 9 a través de una pantalla de tamiz de 250 µm y agregue al paso 7. Mezcle durante 2 minutos.

9. Comprima usando punzones de 6 mm. Es recomendable que el peso de la tableta sea mayor (alrededor de 125 mg) en comparación al peso teórico (Ver fórmula arriba).

3. Presentación comercial sugerida

Caja x 30 tabletas + inserto

Venta bajo receta controlada – La etiqueta debe declarar que es Bioequivalente

AMINOTRIPTILINA

50 mg

Tabletas

Uso: Antidepresivo tricíclico.

1. Fórmula

No.	Ingredientes	mg/tableta	
1	Amitriptilina	50,00	mg
2	Almidón de maíz	20,00	mg
3	Lactosa monohidrato	20,00	mg
4	Fosfato dicálcico	15,00	mg
5	Estearato de magnesio	2,00	mg
6	Talco	3,00	mg
7	Almidón de maíz	20,00	mg
8	Agua purificada	c.s.p	-
Peso teórico de la tableta		130,00	mg

2. Procedimiento de manufactura

1. Tamice los ingredientes 1 a 4 a través de un tamiz de 250 µm y cárguelo en un mezclador adecuado.

2. En un recipiente separado, cargue el artículo 2 y agregue el artículo 8 a 80°C. Mezclar hasta formar una buena pasta. Enfriar a 50 ° C.

3. Agregue el paso 2 al paso 1, y amase y corte hasta que se formen gránulos sin grumos.

4. Extienda la masa húmeda en bandejas y séquela en un horno a 50 ° C durante 15 horas a una pérdida por secado (LOD) de no más del 1.5%.

5. Pase los gránulos secos a través de la malla No. 18 y transfiera a una licuadora adecuada.

6. Pase el artículo 5 a través de un tamiz de 250 µm y el artículo 7 a través de un tamiz de 500 µm; Añadir al paso 5 y mezclar durante 2 minutos.

7. Comprimir en tabletas de 130 mg, utilizando un ponche adecuado.

8. Cubra la tableta con una capa de base orgánica.

3. Presentación comercial sugerida

Caja x 20 tabletas + inserto

AMOXICILINA - ÁCIDO CLAVULÁNICO
250 mg/62,5 mg
Polvo para Suspensión Oral

Grupo farmacológico: Antibiótico penicilínico, contiene inhibidor de las betalactamasas.

1. Consideraciones previas:

a. Tenga en cuenta la equivalencia química de las materias primas a fin de realizar la formulación:
EQUIVALENCIA: 74, 45 mg de Clavulanato de potasio equivalen a 62,5 mg de ácido clavulánico.

287,00 mg de Amoxicilina Trihidrato equivalen a 250 mg de amoxicilina base.

b. Tenga en cuenta la potencia (assay) (expresada en porcentaje) previamente determinados en los dos principios activos a fin de realizar la formulación.

c. La fórmula no está expresada de manera porcentual, se expresa en gramos (g), en este caso la formulación tiene 7 gramos los cuales deben envasarse en el recipiente final. Si se desea mayor cantidad de polvo por frasco, se deberán hacer los ajustes respectivos. Los 7 gramos al ser diluidos a un volumen de 60 mL de suspensión contendrán la concentración deseada de 250 mg de Amoxicilina y 62,5 mg de Ácido Clavulánico por cucharada de 5 mL.

d. Se recomienda utilizar la materia prima Clavulanato de Potasio 1:1 con Syloid esto debido que a la emisión de la presente es la mejor materia prima para realizar la formulación.

ATENCIÓN: Puesto que el clavulanato de potasio es sensible al oxígeno, ya sea del aire o a la humedad (contenido de agua y por ende de oxígeno del ambiente) se recomienda nitrogenar la materia prima durante su manipulación, con la finalidad de que el gas nitrógeno desplace al oxígeno ambiental y alargue o mejore la estabilidad del principio activo.

2. Fórmula

No.	Ingredientes	Cada 7 gramos contienen	
1	Amoxicilina Trihidrato polvo Equivale a amoxicilina base	3,4444 3,0000	g
2	Clavulanato de Potasio polvo Ácido Clavulánico	0,8934 0,7500	g
3	Meyprogat (Guar Gum)	0,5000	g
4	Dióxido de Silicio Coloidal	1,5000	g
5	Metilparabeno	0,0350	g
6	Propilparabeno	0,0175	g
7	Sucralosa	0,0747	g
8	Aroma Tutifrutti	0,0350	g
9	Estearato de Calcio	0,5000	g

MEZCLE LOS INGREDIENTES EN EL ORDEN ESTABLECIDO EN LA FÓRMULA

Volumen final: 60 mL

Peso del polvo por envase: 7,000 g

Envase de vidrio, tapa hermética.

Producto sensible a la luz y humedad.

3. Presentación comercial sugerida

Caja x frasco (7 g. polvo) de 60 mL + inserto

AMOXICILINA - ÁCIDO CLAVULÁNICO

500 mg/125 mg

Tableta

Consideraciones previas

Ver literales a y b de la formulación anterior.

1. Fórmula

No.	Ingredientes	mg/tableta	
1	Amoxicilina, use amoxicilina trihidrato compactada, con exceso	500,00	mg
2	Clavulanato de potasio, use clavulanato de potasio con AVICEL (1:1)	125,00	mg
3	Almidón glicolato sódico	25,00	mg
4	Dióxido de silicio coloidal	30,00	mg
5	Croscarmelosa sódica	10,00	mg
6	Talco	10,00	mg

7	Estearato de magnesio	5,00	mg
Peso teórico de la tableta		705,00	mg

2. Procedimiento de manufactura

1. Seque el ítem 1 a 45 ° C durante 2 horas.

2. Seque los ítems 6, 7, 5 y 3 a 80 ° C durante 4 horas.

3. Tamice los elementos 1 a 7 por una malla # 40, cargue el contenido en un mezclador de tambor y mezcle durante 30 minutos.

4. Realice una primera compresión de la mezcla en el paso 3 utilizando punzones de 16 mm y una dureza de 6 a 7 kPa.

5. Rompa las tabletas del paso anterior pasándolas a través de tamices de malla de 2.5 mm por un granulador.

6. Transfiera el granulado del paso anterior a una mezcladora y agregue los ítems 6 y 7 durante 15 minutos.

7. Comprima con punzones de 19 × 9 mm.

8. Cubrir las tabletas con recubrimiento orgánico HPMC

3. Presentación comercial sugerida

Caja x 20 tabletas + inserto

ATORVASTATINA CÁLCICA

10 mg

Tableta

Uso: Agente antilipemiante.

1. Fórmula:

No.	Ingredientes	mg/tableta	
1	Atorvastatina, use atorvastatina cálcica trihidrato	11,000	mg
2	Calcio carbonato	36,000	mg
3	Lactosa monohidrato	65,000	mg
4	Celulosa microcristalina PH 102	30,000	mg
5	Polivinilpirrolidona K 30	3,000	mg
6	Polisorbato 80	0,400	mg
7	Croscarmelosa sódica	4,000	mg
8	Estearato de magnesio	0,600	mg
9	Agua purificada	c.s.p	-
Peso teórico de la tableta		150,000	mg

2. Procedimiento de manufactura

1. Tamice atorvastatina calcio trihidrato, carbonato de calcio, lactosa monohidrato y celulosa microcristalina PH 102 a través de un tamiz de acero inoxidable de 0.500 mm.

2. Disuelva la polivinilpirrolidona y el polisorbato 80 en agua purificada (50 ° C) agitando lentamente hasta que se aclare. Enfriar la solución a 30 ° C. Esta es la solución de granulación.

3. Amasar la mezcla en polvo con solución granulada para obtener los gránulos deseados.

4. Secar los gránulos a una pérdida por secado del 2%.

5. Pase los gránulos secos a través de la malla # 16.

6. Tamice la croscarmelosa sódica y estearato de magnesio por malla 0.500 mm.

7. Cargue los gránulos tamizados del paso 5 y la mezcla en polvo del paso 6 en una mezcladora adecuada. Mezclar durante 1 minuto.

8. Comprimir en tabletas de 150 mg, utilizando punzones de 12 mm.

Comentario del autor: Para una concentración de 20 mg, comprima 300 mg en punzones de 15 mm.

9. Prepare una solución de hipromelosa y polietilenglicol 4000 en una mezcla de agua purificada y etanol al 95%. Mantenga durante la noche para gelificación completa.

10. Agregue el talco y el dióxido de titanio, y homogeneice para obtener una dispersión de recubrimiento uniforme.

11. Proceda a cubrir la tableta.

3. Presentación comercial sugerida

Caja x 30 tabletas + inserto

AZITROMICINA SUSPENSION ORAL

250 mg/5mL

Uso: Antibiótico de amplio espectro.

1. Fórmula:

No.	Ingredientes	100 mL	
1	Azitromicina dihidrato	5,00	g.
2	Ácido Cítrico	2,00	g.
3	Citrato de Sodio	5,00	g.
4	Crospovidona	9,00	g.
5	Sabor naranja líquido	0,05	g
6	Polyoxyl 40 hydrogenated castor oil CAS Number: 61788-85-0 DL 50 oral rata: 20g/Kg	0,50	g
7	Agua purificada. (c.s.p)	78,45	mL

2. Procedimiento de manufactura

a. Mezcle la azitromicina, ácido cítrico, citrato de sodio y crospovidona en la mitad del agua purificada.

b. En el PEG hydrogenated castor oil (recomiendo Eumulgin – con las características o especificaciones mencionadas en la fórmula-) disuelva el sabor naranja líquido y agregue 20 mL de agua purificada con agitación constante.

c. Agregue la mezcla del literal "b" en "a" y lleve a volumen constante con agua.

Comentario del autor:

1. En caso de que la preparación tienda a separarse en fases (o a no mostrarse homogénea) se recomienda a adicionar meyprogat poco a poco y de forma proporcional a la cantidad de crospovidona presente. Es decir, si agrego meyprogat (o guar gum) le quito lo agregado (de meyprogat) a la crospovidona para mantener la concentración porcentual. Podría probar además con Avicel RC 591 en caso de no disponer de meyprogat (guar gum).

2. Dada la característica del principio activo con respecto al sabor, se recomienda el uso de un enmascarador del sabor tipo Magnasweet (glicirrinato monoamónico sólo o combinado).

3. Presentación comercial sugerida

Caja x frasco de 30 mL + inserto

BROMHEXINA ELIXIR

8 mg/5mL

Uso: Mucolítico, expectorante.

1. Fórmula:

Ingredientes	100 mL	400 mL
Bromhexina clorhidrato	0,1600 g	0,6400 g
Alcohol	9,7800 mL	39,1200 mL
Sorbitol	30,0000 mL	120,0000 mL
Propilenglicol	10,0000 mL	40,0000 mL
Glicerina	20,0000 mL	80,0000 mL
Ácido Clorhídrico *	0,00083 mL	0,00332 mL
Sacarina sódica	0,0100 g	0,0400 mL
Saborizante durazno	0,04800 mL	0,1920 mL
Agua purificada	30,00117 mL	120,00468 mL

* El ácido clorhídrico (HCl) se preparará previamente como una solución de Normalidad conocida, misma que tendrá una concentración de 0,00083 mL de HCl/mL (para luego ser colocada en un recipiente adecuado, en donde se enrasará el volumen a 100 mL).

2. Procedimiento de manufactura

1. En un tanque se coloca el alcohol
2. Se coloca posteriormente el clorhidrato de bromhexina
3. Se coloca el propilenglicol.
4. Se coloca el sorbitol.
5. Se coloca la glicerina.
6. Se agrega el ácido clorhídrico 0,1N.
7. Se agrega la sacarina sódica.
8. Finalmente se añade el sabor durazno líquido (previamente disuelto en alcohol o propilenglicol –dependerá de la materia prima).
9. Enrase con agua purificada.

3. Presentación comercial sugerida

Caja x frasco de 240 mL + inserto.

C

CEFUROXIMA AXETIL TABLETAS

500 mg

Uso: Antibiótico de cefalosporina oral de segunda generación.

Consideraciones respecto a este producto

a. Antes de iniciar con el desarrollo o planificación de este producto, verifique el alcance de su Certificado de Buenas Prácticas de Manufactura. Esto, debido a que los antibióticos como la cefuroxima requieren de un área especial para su preparación; no debiendo manufacturarse en una planta donde se elaboren penicilínicos.
b. La presente formulación corresponde a los núcleos (tabletas sin cubierta) de una formulación de cefuroxima axetilo.
c. Se recomienda utilizar la materia prima Cefuroxima Axetil DC (Direct Compression) por encima de otras materias primas, como es el caso de la Cefuroxima Axetil Amorfa Compactada. Por ensayos previos, la Cefuroxima Axetil Direct Compression presenta mejores propiedades y da mejores resultados.

d. La presenta fórmula muestra un caso teórico donde la materia prima: Cefuroxima axetil Direct Compression (DC) tiene una equivalencia donde 1,1500 g de Cefuroxima Axetil DC contienen 0,500 mg de Cefuroxima base.

e. Esta fórmula está formada por el principio activo, un desintegrante al 2%, un agente potenciador de la disolución al 0,5% y un lubricante al 0,15%. **No existe diluyente (o filler de la tableta)** debido a que el mismo principio activo presenta una buena compactibilidad.

f. En caso de que desee obtener una equivalencia más precisa en comparación con la mostrada en este ensayo, consulte con su proveedor realizando el cálculo respectivo con el CoA (certificado de análisis) de la materia prima (Cefuroxima Axetil DC-Direct Compression)

1. Fórmula:

No.	Ingredientes	Gramos por Tableta
1	Cefuroxima Axetil Direct Compression (DC)	1,1500 g.
2	Croscarmelosa sódica	0,0240 g.
3	Sodio lauril sulfato	0,0060 g.
4	Estearato de magnesio	0,0018 g.
Peso teórico de la tableta		1,1818 g.

2. Procedimiento de manufactura

Mezcle los ingredientes en el orden descrito en la fórmula. Tabletee con punzón capsular. El producto resultante será una tableta blanquecina. Protéjala de la luz y la humedad. Es poco probable que requiera hacer doble compresión, en caso de que esto suceda incremente la croscarmelosa sódica y el sodio lauril sulfato (por ende el peso de la tableta ya no sería 1,1818 g) a fin de que funcionen de manera extragranular.

3. Presentación comercial sugerida

Caja x 16 tabletas + inserto.

CIPROFLOXACINO TABLETAS

1000 mg

Uso: Agente antibacteriano del grupo de las fluoroquinolonas.

Consideraciones respecto a este producto

a. La presente formulación corresponde a los núcleos (tabletas sin cubierta) de una formulación de Ciprofloxacino tabletas 1000 mg.

b. Se recomienda en base a los productos de liberación prolongada realizar una cubierta utilizando: Hidroxipropilmetilcelulosa (HPMC), polietilenglicol, ácido succínico (como estabilizador de pH), y dióxido de titanio.

c. Tenga en cuenta la adición del agua al momento de realizar el granulado a fin de que no exista un exceso de la misma con consecuente disminución de la concentración del principio activo.

1. Fórmula:

No.	Ingredientes	Gramos por Tableta
1	Ciprofloxacina HCl	1,164 g.
2	Celulosa Microcristalina PH 101	0,030 g.
3	PVP	0,014 g.
4	Dióxido de silicio coloidal	0,005 g.
5	Magnesia estearato	0,034 g.
6	Croscarmelosa sódica	0,020 g.
7	Agua purificada	c.s.p* + * se pierde en el secado + cantidad necesaria hasta obtener una masa amorfa y moldeable
Peso teórico de la tableta		1,267 g.

2. Procedimiento de manufactura

El procedimiento es por granulación húmeda.

1. Mezcle la Ciprofloxacina, la celulosa microcristalina PH 101, el PVP y la mitad de la croscarmelosa sódica. Agregue agua hasta obtener una masa amorfa y moldeable.

2. Agregue la segunda parte de la croscarmelosa, el dióxido de silicio coloidal y el estearato de magnesio.

3. Tabletee, es muy probable que se requiera hacer doble compresión. Utilice un punzón capsular que sea más ancho que alto. Esto, debido a que la tableta tiende a presentar una altura que pudiere dificultar su blisteado.

4. No se olvide de cubrir su tableta

3. Presentación comercial sugerida

Caja x 10 tabletas + inserto

CLOTRIMAZOL SOLUCIÓN TÓPICA 1%

Uso: Antimicótico tópico.

1. Fórmula:

No.	Ingredientes	Cada 100 mL
1	Clotrimazol (previamente micropulverizado)	1,00 g.
2	Polyoxyl 40 hydrogenated castor oil (preferible: Eumulgin)	29,93 g.
3	Metil parabeno	0,05 g.
4	Propil parabeno	0,02 g.
5	Etanol 96°	34,00 g.
6	Agua Purificada	35,00 g.
Volumen final		100,00 mL

2. Procedimiento de manufactura

a. En un poco de alcohol (1/4 aprox.) coloque el Eumulgin y agregue poco a poco (con agitación constante) todo el clotrimazol (mismo que previamente ha sido micropulverizado).

b. A parte en agua caliente disuelva los parabenos.

c. Incorpore los parabenos disueltos en la mezcla del paso A.

d. Agregue a la mezcla del paso c el resto del alcohol

e. Enrase con agua tibia. Tenga cuidado puesto que la preparación tiene elevado contenido de alcohol.

3. Presentación comercial sugerida

Frasco x 30 mL + inserto

CODEÍNA JARABE

10 mg/5mL.

Uso: Antitusígeno.

VENTA BAJO RECETA MÉDICA

(NO es controlado)

1. Fórmula:

Ingredientes	100 mL	1000 mL
Fosfato de codeína	0,2000 g	2,0000 g
Alcohol	8,0000 mL	80,0000 mL
Aroma Ron	0,0074 mL	0,0740 mL
Metilparabeno	0,1000 g	1,0000 g
Propilparabeno	0,0500 g	0,5000 g
Color rojo FDC #40	0,0090 g	0,0900 g
Azúcar cristales	58,8000 g	588,0000 g
Esencia de Vainilla	0,2500 mL	2,5000 mL
Agua purificada	32,5836 mL	325,8360 mL

2. Procedimiento de manufactura

a. En ¾ del agua disuelva el azúcar y prepare el jarabe. Agregue la codeína y agite hasta disolución.

b. Una vez disuelto el azúcar, disuelva en otro poco de agua (así mismo, caliente) los parabenos. Agregue una vez disuelto a la mezcla anterior.

c. A parte, en alcohol, coloco el aroma ron, la esencia de vainilla y agregue a la mezcla anterior.

d. Agregue el colorante.

e. Enrase con agua purificada.

3. Presentación comercial sugerida

Caja x frasco de 240 mL + inserto

CODEÍNA TABLETAS
30 mg

Uso: Antitusígeno.

MEDICAMENTO CONTROLADO

1. Fórmula:

No.	Ingredientes	mg/tab
1	Codeína fosfato hemihidrato	30,000 mg
2	Celulosa Microcristalina PH 200	120,900 mg
3	Croscarmelosa sódica	2,700 mg
4	Dióxido de Silicio Coloidal	1,350 mg
5	Estearato de magnesio	0,130 mg
Peso teórico de la tableta		155,080 mg

2. Procedimiento de manufactura

Mezcle los ingredientes en el orden establecido, tenga en cuenta la cantidad de lubricante agregado (estearato de magnesio), ya que puede influir en los ensayos de disolución.

3. Presentación comercial sugerida

Caja x 10 tabletas + inserto

Venta bajo receta controlada

COLCHICINA TABLETAS

0,6 mg

Uso: Antigotoso

1. Fórmula

Ingredientes	1 tableta
Colchicina	0,000625 g
Magnesia Estearato	0,000200 g
AVICEL PH 200 LM	0,085000 g
Lactosa de flujo rápido	0,013000 g
P.V.P	0,001250 g
ACDISOL	0,001250 g
Agua	0,004000 mL

2. Procedimiento de manufactura

1. Se pesa la colchicina, la lactosa de flujo rápido, el AVICEL PH 200 LM y el PVP. Se mezclan.
2. Se añade el agua y se mezcla.
3. Se añade el acdisol.
4. Se incorpora el estearato de magnesio.
5. Se tabletea con punzones redondos planos.

3. Presentación comercial sugerida

Caja x frasco x 60 tabletas + inserto

D

DIMENHIDRINATO TABLETAS

100 mg

Uso: prevención de naúseas, vómitos y mareos.

1. Fórmula

No.	Ingredientes	1 tableta
1	Dimenhidrinato	100,000 mg
2	Celulosa microcristalina PH 101	127,870 mg
3	Almidón	20,080 mg
4	Croscarmelosa sódica (preferible AC-DI-SOL)	1,040 mg
5	Polivinilpirrolidona (P.V.P)	0,520 mg
6	Alcohol (cantidad suficiente hasta obtener una masa amorfa y moldeable al tacto) (tener cuidado debido a que el dimenhidrinato es soluble en alcohol)	c.s.p
7	Estearato de magnesio	0,490 mg
Peso de la tableta		250,00 mg

2. Procedimiento de manufactura

a. Mezcle el dimenhidrinato, la mitad de la celulosa microcristalina PH 101, todo el almidón, la mitad del AC-DI-SOL, el P.V.P.

b. Agregue el alcohol.

c. Amase hasta obtener una masa amorfa y moldeable al tacto.

d. Pase la mezcla por granulador y reciba en bandejas cubiertas con papel parafinado.

Coloque en un horno y seque, PERO ATENTOS CON ESTO, ya que la mezcla puede "fundirse" o volverse líquida si el tiempo y temperatura de secado no son bien determinados.

e. Una vez seca la mezcla, proceda a romper el granulado.
f. Agregue el resto de la celulosa microcristalina PH 101, el resto de la croscarmelosa sódica y mezcle.
g. Agregue el estearato de magnesio.
h. Tabletee (no requiere recubrimiento)

3. Presentación comercial sugerida

Caja x 20 tabletas + inserto

E

EMULSIÓN PARA GOLPES Y TORCEDURAS

(SALICILATO DE METILO, MENTOL, ALCANFOR)

3:1:1

Forma farmacéutica: Linimento.

1. Fórmula:

Ingredientes	100 mL
Salicilato de metilo	15,0000 g
Mentol	5,0000 g
Alcanfor	5,0000 g
Vaselina Sólida	6,5900 g
Tween 80	1,9800 g
Arlacel 80	1,3100 g
Alcohol Cetílico	1,6400 g
Synchrowax BB4	0,6500 g
Carbopol 940	0,1400 g
Trietanolamina	0,1300 g
Agua desionizada	62,5600 mL

IMPORTANTE

Durante la preparación de este producto, se recomienda utilizar máscara full-face (que cubra todo el rostro, con visor y prefiltros), ya que las sustancias del producto, pudieren causar daño en mucosas tanto nasales como bucales, incluyendo estas lesiones a más de una simple irritación algún sangrado. Esta situación NO se extiende bajo ningún motivo al producto ya envasado y empacado, solo se aconseja esta medida de seguridad, en la preparación del producto.

2. Procedimiento de manufactura

a. Siendo el salicilato de metilo un producto líquido, proceda a disolver el mentol y el alcanfor en éste.

b. Caliente en un recipiente adecuado la vaselina, el tween 80, el arlacel 80, el alcohol cetílico, y, el Synchrowax BB4 (alternativa a la cera de abejas natural).

c. Disuelva la mezcla del paso en el la mezcla del paso B (todas las grasas y aceites ya derretidos)

d. A parte en agua (una parte de esta disuelva carbopol dejándolo hidratar)

e. Una vez hidratado el carbopol, agregue la trietanolamina y la mezcla gelificará levemente dando la apariencia de una solución turbia y algo viscosa.

f. Agregue la mezcla del paso D a la mezcla del paso E. En este punto su producto se tornará de un color blanco brillante.

g. Agite constantemente hasta incorporación.

h. Deje en reposo, no debería existir separación de fases.

i. Proceda a envasar.

3. Presentación comercial sugerida

Frasco PET blanco (sin caja) de 240 mL + Inserto (pudiere ser digital o adherido al frasco por algún medio adecuado)

ENJUAGUE BUCAL SIN ALCOHOL

(Tipo Zero)

Forma farmacéutica: Solución

1. Fórmula:

Ingredientes	Cantidades
Clorhexina gluconato	0,1200 mL
Salicilato de metilo	0,00900 g
Eumulgin HRE 40	0,41061 g
Mentol	0,09000 g
Eucaliptol	0,22477 g
Timol	0,00450 g
Propilenglicol	3,53882 mL
Sorbitol	4,77876 mL
Menta Novamint	0,03539 mL
Sacarina	0,05309 g
Color verde FDC #3	0,00018 g
Agua	c.s.p

MUY IMPORTANTE

La concentración presente de la clorhexidina es la ideal para eliminar el 99,99% de las bacterias, y he tenido la oportunidad de haber testeado esto en diferentes oportunidades.

En caso de que en ensayos previos se observe pardeamiento de encías o dientes por el uso de la clorhexidina gluconato se recomienda agregar algún tipo de compuesto fluorado típico de dentríficos como para evitar este pardeamiento.

Si, el flúor o los productos fluorados son difíciles de importar en su país, se pueden realizar ensayos utilizando cloruro de benzalconio al 50 % (en vez de la clorhexidina gluconato). Donde 0,025900 g del cloruro de benzalconio al 50% equivalgan a 0,012500 g en 100 mL de enjuague bucal.

Sin embargo, el cloruro de benzalconio puede ser irritante de amígdalas y faringes (no se recomendaría el uso de esta sustancia bajo ningún motivo en gargarismos), y su uso en enjuagues bucales es objeto de debate (la utilización del cloruro de benzalconio en enjuages bucales no es muy difundida).

2. Procedimiento de manufactura

a. En eucaliptol, disuelva el salicilato de metilo, timol, mentol y el sabor menta líquido.

b. Agregue el Eumulgin HRE 40 (mismo que hemos usado anteriormente en este libro)

c. Agregue propilenglicol a la mezcla anterior.

d. Agregue sorbitol.

e. Agregue un poco de agua y la mezcla hasta aquí resultante será transparente y escasa o nulamente opalescente.

f. A parte en agua disuelva la clorhexidina gluconato y agregue a la mezcla anterior.

g. Así mismo en agua disuelva la sacarina sódica, y el colorante, y agregue a la mezcla anterior.

h. Enrase con agua.

3. Presentación comercial sugerida

Frasco PET transparente de 240 mL (sin caja) con tapa pilfer metálica (el inserto puede ser digital o ir adherido al frasco por algún medio adecuado.

ERITROMICINA TABLETAS

500 mg

Grupo farmacológico: Antibiótico macrólido

1. Fórmula:

Cada núcleo contiene:

Ingredientes	g/tableta
Eritromicina Etilsuccinato	0,5850 g
Avicel pH 200	0,0664 g
Magnesia estearato	0,0030 g
Talco	0,0270 g
Sodio laurilsulfato	0,0420 g
Acdisol	0,0100 g

2. Procedimiento de manufactura

a. Mezcle la eritromicina etilsuccinato, el avicel pH 200, y el acdisol.
b. Agregue luego el sodio lauril sulfato y mezcle.
c. Agregue el talco y mezcle.
d. Agregue estearato de magnesio y mezcle por 3 minutos como máximo.
e. Tabletee (puede requerir doble compresión, de ser así empiece por tabletones capsulares pequeños y delgados; y posteriormente una vez rotos se les da el peso deseado).
f. Cubra la tableta.

Comentario del autor: Prestarle la suficiente atención a la disolución de la tableta.

3. Presentación comercial sugerida

Caja x 10 ristras de 10 blísteres c/u + inserto.

L

LANSOPRAZOL TABLETAS DISPERSABLES 20 mg

Grupo farmacológico: inhibidores de la bomba de protones.

Tabletas dispersables: Aquellas que se disuelven previamente en agua antes de su ingestión.

1. Fórmula:

No.	Ingredientes	mg/tableta
1	Lansoprazol	20,00 mg
2	Lactato de calcio	175,00 mg
3	Calcio glicerofosfato	175,00 mg
4	Sodio bicarbonato	250,00 mg
5	Aspartame	0,50 mg
6	Dióxido de silicio coloidal	12,00 mg
7	Almidón de maíz	15,00 mg
8	Croscarmelosa sódica	12,00 mg
9	Dextrosa anhidra	10,00 mg
10	Sabor Peppermint	3,00 mg

11	Maltodextrina	3,00 mg
12	Manitol	3,00 mg
13	Almidón pregelatinizado	3,00 mg

2. Procedimiento de manufactura

a. Pase todos los ingredientes a través de una malla de 250 µm y mezcle en un blender adecuado.

b. Comprimir con un peso de **682 mg**, utilizando punzones redondos, planos en ambas caras y de 15 mm de tamaño.

3. Presentación comercial sugerida

Caja x 10 blísteres de 10 tabletas c/u + inserto

O

OMEPRAZOL TABLETAS DISPERSABLES
20 mg

Grupo farmacológico: inhibidores de la bomba de protones.

Tabletas dispersables: Aquellas que se disuelven previamente en agua antes de su ingestión.

Forma de uso: En un vaso con aproximadamente 30 mL de agua coloque una tableta y agite gentilmente hasta su disolución. Posterior a esto ingiera la preparación.

Una vez disuelta la tableta (si no le agrada mucho tomar agua) puede agregar un jugo tipo limonada o jugo de naranja en caso de que desee darle otro sabor. NO DISUELVA EN LECHE.

1. Fórmula:

No.	Ingredientes	mg/tableta
1	Omeprazol	20,00 mg
2	Lactato de calcio	175,00 mg
3	Calcio glicerofosfato	175,00 mg
4	Sodio bicarbonato	250,00 mg
5	Aspartame	0,50 mg
6	Dióxido de silicio coloidal	12,00 mg
7	Almidón de maíz	15,00 mg
8	Croscarmelosa sódica	12,00 mg
9	Dextrosa anhidra	10,00 mg
10	Sabor Menta Piperita	3,00 mg
11	Maltodextrina	3,00 mg
12	Manitol	3,00 mg
13	Almidón pregelatinizado	3,00 mg

2. Procedimiento de manufactura

a. Pase todos los ingredientes a través de una malla de 250 µm y mezcle en un blender adecuado.

b. Comprimir con un peso de **682 mg**, utilizando punzones redondos, planos en ambas caras y de 15 mm de tamaño.

3. Presentación comercial sugerida

Caja x 28 tabletas + inserto

P

PARACETAMOL TABLETAS MASTICABLES 300 mg

1. Fórmula:

I. Paracetamol pulverizado........... 300 g

Azúcar pulverizada.................. 600 g

Crospovidona............................ 550 g

Sabor frutilla en polvo................ 60 g

II. Polivinilpirrolidona K 30............ 60 g

Etanol al 96%........................... 425 g

2. Procedimiento de manufactura

a) Granule la mezcla I con la solución II, pase a través de una malla y tabletee con fuerza de compresión media. Agregue estearato de magnesio antes del tableteo.

Peso de la tableta: 1.620,00 mg; diámetro: 20 mm; forma: biplana; dureza (en Newtons): 111 N.

3. Presentaciones comerciales sugeridas

a. Caja x 1 blíster de 10 tabletas + inserto

b. Caja x 10 blísteres de 10 tabletas c/u + inserto.

c. Caja x 50 blísteres de 10 tabletas c/u + inserto (En Ecuador este tipo de presentación comercial NO entraría aún como presentación hospitalaria)

PARACETAMOL TABLETAS
1000 mg

1. Fórmula:

g / tableta:

1,1000 g. Paracetamol compacto (Direct Compression o DC) equivalente a 1,000 g de paracetamol

0,0220 g. Croscarmelosa sódica

0,0165 g. Aerosil 200

0,0055 g. Estearato de magnesio

Mezcle los ingredientes en el orden descrito y tabletee por compresión directa.

CONSIDERACIONES

- Para el desarrollo de este producto se requiere tener en cuenta que la tableta tendrá una altura considerable. Es necesario que se tabletee con punzones capsulares ranurados que permitan obtener tabletas más anchas que altas.

- Previo al estudio de formulación considere si tiene los formatos adecuados para blistear el producto.

- El Aerosil 200 absorbe humedad y evita que la dureza del producto se incremente con el transcurso del tiempo.

PASIFLORA Y VALERIANA

(Tabletas sin cubierta)

PRODUCTO NATURAL

(Consulte la normativa de su país para el Registro Sanitario de este producto)

Uso: Sedante suave natural.

1. Fórmula:

Ingrediente	Nombre General	1 tableta	200 tabletas
Extracto seco de pasiflora	-	0,04000 g	8,00000 g
Extracto seco de valeriana	-	0,05000 g	10,00000 g
Avicel PH 101	Celulosa Microcristalina	0,07900 g	15,80000 g
Alcohol	Alcohol (D.C.I)	0,02127 g	4,25400 g
Lactosa	Lactosa (D.C.I)	0,05000 g	10,00000 g
Magnesia estearato	Magnesia estearato (D.C.I)	0,00090 g	0,18000 g
Acdisol	Croscarmelosa sódica	0,00900 g	1,80000 g
Parteck S.I 400	Sorbitol granulado compresible	0,01000 g	2,00000 g

IMPORTANTE

EL ESTUDIO FARMACOLÓGICO DE ESTA FÓRMULA EN LO QUE RESPECTA AL EFECTO DE LA ASOCIACIÓN DE LA PASSIFLORA Y LA VALERIANA HA SIDO TESTEADO EXITOSAMENTE EN ANIMALES.

Materia prima utilizada

- **Passion Flower Extract**

  Nombre botánico: Passiflora Incarnata

  Tipo de Extracción: agua/alcohol etílico (water/grain alcohol)

  Parte de la planta: flor (secada)

  Ingrediente activo: flavonoides – expresados por concentración de vitexina.

- **Valerian Root Extract**

  Nombre botánico: Valeriana officinalis

  Tipo de extracción: agua alcohol etílico (water/grain alcohol)

  Parte de la planta: raíz.

  Ingrediente activo: ácido valerénico.

2. Procedimiento de manufactura

a. Granule los ingredientes de la preparación, dividiendo solamente el PARTECK -S.I 400 en dos partes iguales (una va granulada en húmedo y la otra parte se coloca después del granulado).

b. El estearato de magnesio es extragranular.

<u>NOTAS del Autor</u>

Puede cubrir la tableta con una capa simple (tipo película, de la más sencilla, sin necesidad de pigmento alguno).

Al momento de que desarrollé esta formulación existían presentaciones comerciales de productos de la competencia que venían en forma de grageas, pero la fórmula que planteo (como remarqué anteriormente) cumple su función farmacológica a cabalidad.

Estimado (a) Lector (a), si Usted ha llegado hasta esta instancia del libro, le doy muchísimas gracias.

ACERCA DEL AUTOR

Francisco De La Torre Quiñónez, Químico y Farmacéutico ecuatoriano, es un profesional de considerable experiencia en Desarrollo de Fórmulas, Implementación y Diseño de Estrategias de Validación Farmacéutica, y en Registro Sanitario de Medicamentos en General.

Luego de su Ebook titulado: Manual de Formulación de Sólidos Orales (Spanish Edition), lanzado en el año 2022. Francisco De La Torre nos trae en el 2023, esta obra titulada: **"Manual de Formulación de Medicamentos: Introducción al Desarrollo de Fórmulas"**; en la cual abarca no solo el desarrollo de fórmulas en formas farmacéuticas sólidas orales, sino además nos trae formulaciones de formas farmacéuticas semisólidas, líquidas y semilíquidas, en lo que a medicamentos generales respecta.

Como "Plus +" a la presente obra, el autor nos trae una fórmula de un producto natural desarrollado por él años atrás, la cual ha sido sometida, testeada, y aprobada a un estudio farmacológico en animales.

El libro: **"Manual de Formulación de Medicamentos: Introducción al Desarrollo de Fórmulas"**, es un texto interesante para todo profesional relacionado a la industria farmacéutica, y, constituye además la piedra angular o punto de partida, para la implementación de una unidad o departamento de desarrollo, en aquellas empresas que deseen contar con este tipo de procesos dentro de sus industrias.

Si deseas consultar con el autor de la obra acerca de las fórmulas de este tratado, o, si estás en el Ecuador y deseas publicar tu libro, no lo dudes, y hazlo con nosotros.

Escríbenos al siguiente correo electrónico:

publicationsandcompany@gmail.com

- EDLT PUBLICATIONS -

www.ingramcontent.com/pod-product-compliance
Lightning Source LLC
Chambersburg PA
CBHW081154130726
47996CB00009B/3120
* 9 7 9 8 2 2 3 3 0 7 4 9 5 *